不塑之课

赵溪 编

2021~2022北京市
中小学生环境教育
系列活动

中国青年出版社

图书在版编目（CIP）数据

不塑之课：2021~2022北京市中小学生环境教育系列活动 / 赵溪编 . — 北京：中国青年出版社，2024.6.
-- ISBN 978-7-5153-7333-1
I. G633.982
中国国家版本馆 CIP 数据核字第 202443D3E8 号

责任编辑：彭岩
出版发行：中国青年出版社
社　　址：北京市东城区东四十二条 21 号
网　　址：www.cyp.com.cn
编辑中心：010 - 57350407
营销中心：010 - 57350370
经　　销：新华书店
印　　刷：中煤（北京）印务有限公司
规　　格：710mm×1000mm　1/16
印　　张：16.75
字　　数：180 千字
版　　次：2024 年 6 月北京第 1 版
印　　次：2024 年 6 月北京第 1 次印刷
定　　价：80.00 元

如有印装质量问题，请凭购书发票与质检部联系调换
联系电话：010 - 57350337

编委会名单

主　　编 赵 溪

编委会委员（按姓氏笔画排列）：

马 娟　牛 琦　朴红坤　孙 宇　刘浩然

张 兵　张雅楠　周又红　周 咪

本书作者（按姓氏笔画排列）：

王 红　王冉冉　任立鹏　刘 婕　宋 旭

杜春燕　林彦杰　杨芳菲　周 楠　赵雯彦

袁 浩　郭 雪　曹丽娜　程 慧　甄 奕

前言

党的十八大以来,以习近平同志为核心的党中央从中华民族永续发展的高度出发,深刻把握生态文明建设在新时代中国特色社会主义事业中的重要地位和战略意义,大力推动生态文明理论创新、实践创新、制度创新,创造性提出一系列新理念新思想新战略,形成了习近平生态文明思想。随着生态文明建设的不断推进,生态文明教育的重要性也日益提高。2021年3月,由生态环境部、中央宣传部、中央文明办、教育部、共青团中央、全国妇联等六部门共同发布了《"美丽中国,我是行动者"提升公民生态文明意识行动计划(2021~2025年)》,计划中提出了"动员青少年践行绿色生活、参与生态环保实践、助力污染防治"的青少年生态文明教育的指导方针。

北京市教育委员会作为教育主管部门,注重培养北京市中小学生的生态文明理念，自2017年起，由北京市教育委员会主办，北京学生活动管理中心、西城区教育委员会承办，北京市西城区青少年科学技术馆执行承办的北京市中小学生环境教育系列活动正式启动，经过多年的不断摸索与实践，活动规模逐年扩大，参与中小学的数量不断增加，从2017年首届活动的17所中小学，到2021年全市参与学校数量已经达到192所，征集作品3000余件，逐步成为具有品牌效应的市级学生活动。

自2021年开始，活动组委会确立了"沉淀项目形式，开发主题内容"的活动思路，即每两年设立一个环保教育主题，更有针对性地为学校提供环保教师培训和青少年生态教育资源，让环保不流于形式，切实引导青少年践行绿色生活。2021~2022年以"减塑"为主题，开展征文、艺术设计、科学调查、摄影作品征集活动，参与学生在深入了解塑料污染的同时，关注身边生活中的减塑技术、减塑行为，创作了或打动人心，或创新创意的作品。组委会决定将其中的优秀作品编纂成集，让更多热爱环保、关心环保的青少年和各界人士来感受这两年的"不塑之课"。

无独有偶，2023年联合国环境规划署宣布本年度的世界环境日主题是"solutions the plastic pollution"（中文译为"减塑捡塑"），说明塑料污染问题是当今全世界关注的环境议题，本书的出版以及其背后学生们的探索实践也就显得更有意义。

目录

第一部分　减塑主题征文　　1

　1.小学低年级组　　3

　　减塑从我做起◎焦正雨　　3

　　我家的限塑令◎王梓茗　　5

　　我的减塑梦◎王芃毅　　7

　　让"白色污染"渐行渐远◎徐熙玥　　9

　2.小学高年级组　　11

　　我为减塑加加速◎王一铭　　11

　　"减塑行动"从开学第一天开始◎邹子炀　　13

　　绿色生活　无拘无塑◎赵文君　　15

　　小家庭的减塑"大行动"◎毛栎成　　18

　　小区里的减塑故事◎郁景尧　　21

　　救猫记◎范浩飞　　23

　3.初中组　　25

　　"限塑令"——写给大自然的一封感谢信◎金妍　　25

　　争做减塑先锋，让文明袋袋相传◎何雨涵　　28

　　做"减塑"行动派◎张岚婷　　31

我身边的"减塑"达人◎梅晏溪		34
小小帆布袋◎董梓钰		36
捡垃圾的怪老太太◎刘仕荣		39
4.高中组		41
加速减塑，我有行动◎杨敬依		41
减塑始于点滴，环保从我做起◎张楠		45

第二部分	**减塑创意设计**	**47**
	1.小学低年级组	49
	2.小学高年级组	64
	3.初中组	77
	4.高中组	88

第三部分	**减塑主题摄影**	**95**
	1.小学低年级组	97
	2.小学高年级组	101
	3.初中组	109
	4.高中组	116

第四部分	**环境调查报告**	**119**
	1.小学低年级组	121
	关于果蔬酵素对绿豆芽品质影响的研究◎罗天泽	121
	2.小学高年级组	141
	小区里的天外来客——针对美国白蛾已知天敌的	
	生物防治效果初探◎许羡钧	141

北京某小学有绿化的楼顶鸟类调查◎黄子宸 159

无塑冰袋的配方与效果初探◎刘亦宸 183

3.初中组 195

校园废旧塑料瓶的回收再利用报告◎李昊天、汤承志 195

限定空间内蜜蜂的访花选择——以奥林匹克
　　森林公园为例◎王泽达、赵翰茗 207

关于人行道行道树间路砖增加城市绿地面积的
　　研究与建议◎周熙容 218

4.高中组 222

多糖涂膜替代保鲜膜增强梨保鲜效果减少塑料
　　污染的研究◎张昕冉、孟子麒、刘婧 222

土壤微塑料的提取以及对有机染料的吸附
　　研究◎周嫣然、李依晨、郭思凝 236

北京市二级重点保护植物假贝母在怀柔的分布
　　及生境调查◎高迎凯 249

第一部分 减塑主题征文

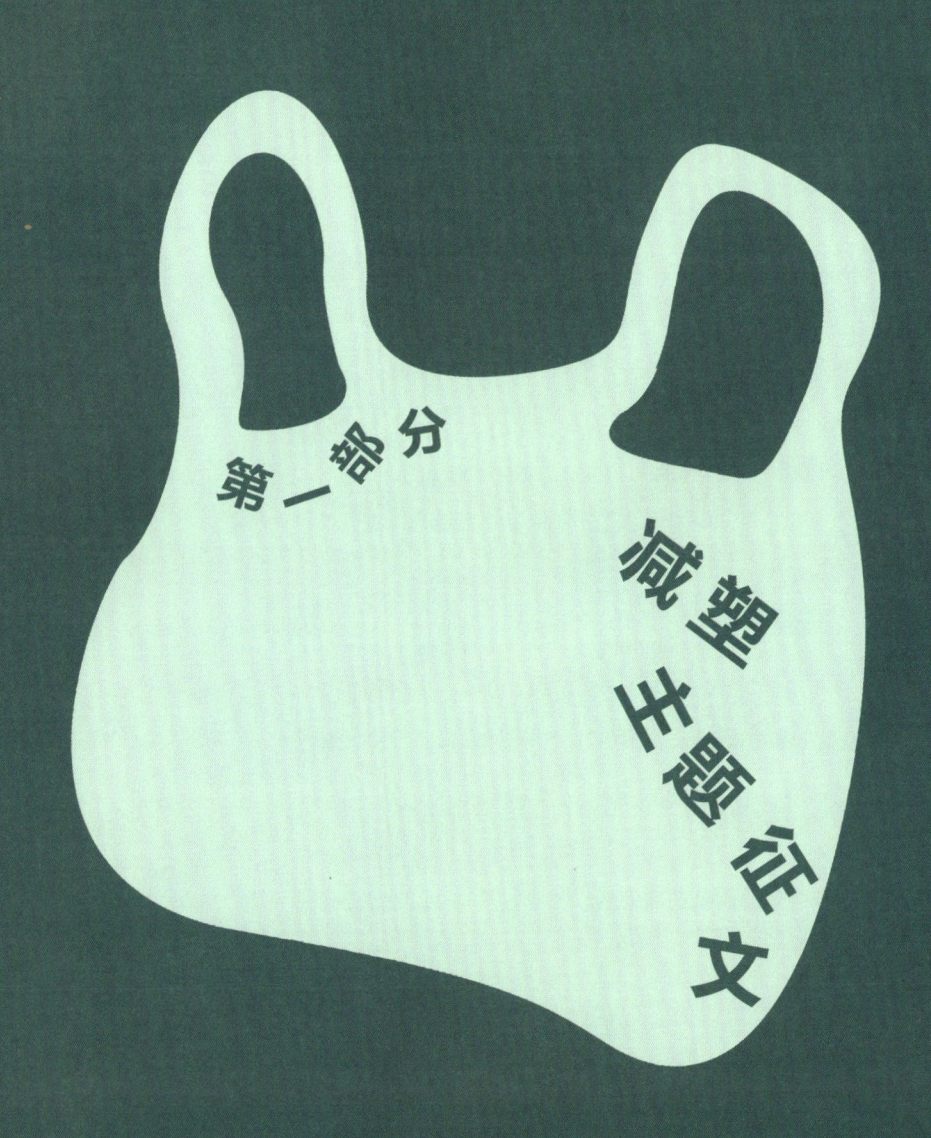

作品要求

减塑是我国建设生态文明的重要组成部分。2020年底，北京最严"限塑令"落地，多项举措影响到了我们的生活，如纸吸管代替塑料吸管、可降解塑料袋代替普通塑料袋等。与此同时，塑料对环境的危害正逐渐被科学家、媒体和公众关注，产生了大量的科研成果、科普读物、影视作品。请在学习塑料知识、观察身边减塑变化的基础上，撰写"减塑"主题作文。以塑料滥用、塑料危害、减塑为主题，开展自身思考与感想。需为个人原创，不得盗用、抄袭或篡改他人作品。小学字数400~800，中学字数800~1500，文体不限。

征集情况

2021年活动征集小学低年级110篇、小学高年级402篇、初中437篇、高中57篇，合计1006篇。2022年活动征集小学低年级116篇、小学高年级375篇、初中413篇、高中65篇，合计969篇。由于本书篇幅有限，共选取各年龄段的18篇作品。

减塑从我做起

焦正雨　北京市西城区白纸坊小学

辅导教师：王冬梅、霍艳

2021年作品

"妈妈，为什么饮料杯上没有吸管了呢？"妈妈抚摸着我的头，微笑着对我说："为了我们的优美环境，从今天开始，餐厅就不再提供塑料吸管了！"这是今年夏天的某一天，我和妈妈在餐厅用餐时的对话。当时的我听得一知半解，面对着没有了吸管的饮料杯，也只好苦笑着慢慢去适应这没人给"管"的减塑生活。

减塑是什么？为什么要减塑呢？上学后，通过老师在课堂上的细致讲解，我从半年前那个一知半解的学前儿童，变成了略懂一二的小学生。我明白了减塑的意思，就是减少我们生活中塑料制品的使用。因为塑料制品被遗弃后，在大自然的环境中需要几十年、几百年，甚至上千年才能完全降解，不仅污染了环境，还影响了土地的正常使用。若是焚烧处理也会产生大量有害气体和残留物。这就是我们要减塑的原因！

作为一名小学生，我们能做些什么呢？根据老师的启发和网上收集到的知识，我觉得可以做以下三件事！

第一，减少使用塑料制品。就像餐厅的做法一样，如果可以不用吸管就能喝饮料的话，我们就尽量不要使用。我觉得我们学校的做法就很好，午餐的时候，我们每个人都用自己带的勺子吃饭，这样我们一年可以少用几百个塑料勺子，我们用自己的实际行动，为减塑活动贡献了自己的力量。

第二，不随便把用过的塑料制品乱扔弃。老师讲了，如果塑料被随意抛弃到大自然中，很多年都无法降解，它们会一直在我们生活的环境中存在，有的被大风刮到空中，挂到树枝上，非常影响我们的环境；有的被小动物误食了，还会危害到小动物的身体健康；有的被焚烧了，还会污染我们每天呼吸的新鲜空气……我们随便扔弃这些用过的塑料，就会给地球上的人类、动物和环境造成影响，真是可怕极了！所以，我们需要把用过的塑料搜集整理好，做到不乱扔，及时把它们送到回收机构，进行回收再利用。

第三，我们应该把从学校学习到的减塑知识，向周围的人进行宣传和示范。减塑，现在大家都知道，但是很多人不理解为什么要减塑，如何减塑。我们要将从学校学到的知识，向爸爸妈妈、爷爷奶奶、姥姥姥爷和叔叔阿姨们讲解，让大家都知道为什么要减塑和怎样才能够为减塑做出自己的贡献。

绿色生活，减塑有我！一起努力，一定可以让我们的环境更美好！

我家的限塑令

王梓茗　北京市昌平第二实验小学

辅导教师：李立茁

2021年作品

　　从我记事起，爸爸妈妈忙工作，只有姥姥天天带着我。我姥姥有一个草莓袋子，平时收起来就是一颗小草莓，打开是一个大袋子，可以装下两个大玩具。姥姥每次出门都要带着它，逛超市买的好吃的用它来装，逛商场买的好玩的用它来装，逛市场买蔬菜也是用它来装。有一次，我问姥姥为什么要每次都带着它，姥姥说："带着这个袋子，出去买东西就可以少用一个塑料袋。"

　　后来，我从幼儿园里知道了我们国家在推行"限塑令"，让我们少用塑料袋，来保护大自然。爸爸妈妈带我看了纪录片《塑料海洋》，纪录片中的大海碧波荡漾，看不到一片塑料，但是科学家用滤网一打捞，就是满满的塑料垃圾，它们像烟雾一样，深藏在大海中，海中的小鱼小虾吃了这些塑料，再被其他大鱼吃掉，最终连我们吃的鱼和螃蟹里都有塑料，当时吓得我有一阵都不敢吃鱼了。

现在在我的家里,塑料袋也是要用很久才会被扔掉,一个塑料袋,到了我家里会先被姥姥收集起来,好一点的可以用来装食物,我们出去玩带的水果、点心就用这样的塑料袋来装;坏一点的作为垃圾袋,在其他垃圾桶和厨余垃圾桶里装垃圾。我和家人出去玩的时候,都会自觉地把垃圾分类投放,有时候带出去的塑料袋,还会被带回来继续发挥作用。

这就是我家的"限塑令",用我们小家的一点点付出,来保护我们的大家园。

我的减塑梦

王苋毅　北京市东城区革新里小学
辅导教师：杨春娜
2022年作品

"妈妈，为什么要把这些塑料袋叠起来呀？"看着妈妈将超市塑料购物袋一个一个叠得方方正正，我很好奇地问妈妈。"叠起来是为了便于收纳，有些放在家里作为垃圾桶的垃圾袋，有些干净整洁的就叠好放在包里，下次就不必再买购物袋了！"妈妈微笑着告诉我。"妈妈，我知道！老师告诉过我们，垃圾袋是不可回收垃圾，会污染环境！""对呀，所以现在超市都用可降解塑料袋了。不过我们依然要减少塑料袋的使用，能重复利用的就循环用起来，这样就能减少白色垃圾了！"

在学校里老师就给我们讲解过，地球母亲有太多的"白色烦恼"了！这些"白色烦恼"需要好多好多年才能消失。有些不小心被小动物当作食物吃到肚子里就会危害生命健康，有些埋在土地里需要上百年才能降解，有些被倾倒在海洋里进了鱼儿们的肚子，有些被焚烧产生了好多有害气体……"白色烦恼"危害真大呀！

可是我观察到，虽然超市的购物袋升级为可降解塑料了，但是生活中依然会产生一些塑料污染。因为我见过小区的垃圾桶里，堆满了人们网购的快递包裹外包装袋！这些黑色的快递包装袋不是可降解的！我也记得每次妈妈拆完快递，各种塑料包装袋、快递袋都能装满一个垃圾桶。妈妈每次都很痛心，感觉产生了好多垃圾。可网购也是我们疫情下离不开的生活方式了，千家万户的快递包装袋加起来该是多么庞大的垃圾数量呀！所以真希望不仅是超市的购物袋能升级为可降解的，快递的外包装也真该生产可降解的了！我决心多看看科普书，学习更多的减塑知识！将来等我长大了，要发明更厉害的可降解产品，保护我们的地球母亲！

晚上，我做了一个香甜的梦，梦见地球母亲温柔地告诉我：我们人类和大自然是好朋友，一定要和谐共生！我们要爱护生态、保护环境、节约资源，才能不伤害大自然这个好朋友，才能让我们的子孙后代永享青山绿水蓝天！

让"白色污染"渐行渐远

徐熙玥　北京市丰台区西罗园第六小学

辅导教师：李莹

2022年作品

爸爸爱喝咖啡，我从幼儿园的时候就乐于跟爸爸偷偷去咖啡店，因为可以有热巧克力喝，这在妈妈那里是不允许的。热巧克力很美味，杯子也漂亮，有图案有文字，只不过是一次性的，用完就被服务员阿姨送进垃圾桶了。但是有一次到了咖啡店，按惯例点完餐之后，爸爸却从包里拿出两个杯子递给阿姨："麻烦将拿铁装在蓝色杯子，巧克力装在粉色杯子。"阿姨一边接过杯子一边说："好的，感谢对'限塑令'的支持！"我很纳闷，爸爸怎么带着杯子来？是咖啡店小气得不提供杯子了吗？怎么还要"限速"呀？喝东西还要限制速度，难道我想快喝都不行吗？

找到座位之后，我把这些问号抛给爸爸。爸爸听完哈哈大笑："是'限塑'，不是'限速'，塑是塑料制品。简单说就是要减少塑料废品造成的'白色污染'。你看咖啡杯就是塑料制品，用完一次就扔了。咱俩这次自带杯子，少用两个这样的杯子，也是对'限塑令'的小贡献！"我似懂非懂地点点头。

  回到家，爸爸又带着我在网上查了资料。我了解到"白色污染"是人们对塑料垃圾污染环境的一种形象称谓，是指用聚苯乙烯、聚丙烯、聚氯乙烯等高分子化合物制成的塑料制品使用后被弃置成为固体废物，由于随意乱丢乱扔，难于降解处理，给生态环境造成的污染。它给人体、动物、土壤、海洋等都带来了很大伤害。比如，使用一次性发泡塑料餐具可能致癌，遗留在土壤里，要一两百年才能化解……这太可怕了。因此我国出台了相关法律法规，落实了具体的实施方案，主要遵循"以宣传教育为先导，以强化管理为核心，以回收利用为主要手段，以替代品为补充措施"的原则。

  看来要想绿色环绕身边，就要让"白色污染"渐行渐远，这需要各部门、各行业的共同努力，也需要我们每个人积极响应和参与。就让我们从今天少用一个塑料袋开始吧……

我为减塑加加速

王一铭　北京市门头沟区大峪第二小学

辅导教师：刘晖

2021年作品

　　妈妈有个爱好，就是特别爱收集各种手提纸袋。每次买衣服的手提袋，她都要叠好放进柜子里。我问妈妈："您留这些纸袋子有什么用啊？"妈妈微微一笑："纸袋子环保，可以重复使用，用坏了还可以回收，去买菜的时候就不用塑料袋了。""用塑料袋怎么了，多省事？"我问。"你自己看看关于塑料的危害，就知道了。"妈妈笑着说。

　　我赶紧上网查了一下，原来塑料袋有这么大危害呢！塑料类垃圾在自然界停留时间可长啦，可达200年到400年。而且很难降解，废旧塑料混在土壤中，影响农作物吸收养分和水分，导致农作物减产，不仅如此，还污染空气和水。

　　塑料随风乱飘到河、海水面上，那危害就更大了。如果动物误食了"白色垃圾"会伤及健康，甚至会因其在消化道中无法消化而活活饿死。

当塑料进入海洋后，藻类和微生物黏附在上面，释放出的味道使得塑料闻起来很像海龟平日里吃的食物，所以海龟很容易误食。看着视频中海龟因为误食了塑料垃圾而痛苦地死去，我的心隐隐作痛，痛苦不已。

"塑料制品有这么大危害，我们为什么还要使用它呢？"我不禁想。爸爸看出我的疑惑，随手拿起一个塑料杯子，说："塑料这种材质也有很多优点，如成本低、抗腐蚀、耐用等。""我明白了，任何东西都有两面性，关键看我们怎么使用它，就是不能滥用。"我兴奋地说，"怪不得我上次买的饮料，吸管是纸质的。订外卖的袋子都是无纺布的。超市的塑料袋都换成了可降解的塑料，这都是在减少塑料的使用和危害！"

妈妈说："北京最严的'限塑令'已经开始实施了，各行各业都在减少塑料的使用……"随着妈妈的说明，我也开始了自己的思考：我也可以从自己做起，减少塑料制品的使用。随身携带水壶，不用一次性塑料杯。用手提袋买菜，不用一次性塑料袋。外出就餐自带餐具，不用一次性塑料餐具。对塑料垃圾进行分类，投放到正确的垃圾桶内，减少对环境的污染。

哎呀！想到这我赶紧把餐具包放进书包里，在学校吃饭的时候不再用一次性的塑料勺子了。我也要参与进来，给我们的减塑行动加加速！

"减塑行动"从开学第一天开始

邹子炀　北京亦庄实验小学

辅导教师：高畅、李曼钰

2021年作品

开学第一天，我从学校背回了所有的新书。

同学们奇怪地问："我们明明有小书柜，为什么还要背书回家呢？"其实那是因为每逢开学第一天，我家都会有一个"规定动作"，妈妈要给我的课本穿上"新衣服"——包书皮。

妈妈早早就准备了彩纸、裁纸刀、剪刀和尺子。只见她拿起一本书，放在彩纸上比画，简单标注尺寸后，用裁纸刀去掉了多余的部分。妈妈轻轻抿着嘴，眼睛跟着手势微微转动，那专注的神情倒像是在做一件工艺品。裁好书皮后，妈妈用指甲顺着书棱滑动，在纸面勾勒出书的形状。然后，她顺着折痕，用纸将书包裹起来。妈妈的动作好娴熟呀，书在她的手中上下翻飞，好像捧着一只小鸽子。简单调整以后，一个书皮就包好了，妈妈脸上露出满意的微笑，郑重地递给我。我左看看右看看，书皮就像是定制的服装，课本穿起来既合身又漂亮。

别看包书皮的过程很简单，但想要精美的模样就需要非常仔细。十几本书包下来，也用了两个多小时。我问妈妈："同学们都用买来的塑料书皮，又方便又漂亮，为什么我们还要这么费力呢？"妈妈告诉我，塑料会污染环境，而用纸卫生又安全。可是，几个塑料书皮怎么能污染环境呢？带着疑问，我上网去寻找答案，结果让人大吃一惊。

根据2021年教育部网站发布的最新数据，我国在校生共有2.89亿，其中小学生和初中生有1.56亿。如果每位在校生开学时使用5个塑料书皮，那么每次开学时就至少需要7亿个。塑料书皮和塑料袋一样，由于回收率低、含杂质多等原因，属于不可回收垃圾。加上难以降解的特性，不可回收的塑料只能通过填埋或焚烧的方式处理，因此塑料书皮的使用会导致污染的进一步蔓延。

开学第一天用纸包书皮，不仅可以减少塑料的使用，还会有尊重课本、热爱学习的仪式感，更可以给每个学期一个美好的开始。我倡议同学们"减塑行动"从开学第一天开始，从不使用塑料书皮开始，使用纸质书皮，为环境保护贡献自己的力量。

绿色生活　无拘无塑

赵文君　北京市怀柔区第六小学

辅导教师：刘娜、赵晓娜

2021年作品

今年11月28日是全国第十五个"减塑日"。当班主任号召我们积极参与减塑主题征文时，我第一个举手报名响应，因为暑假的经历让我对"减塑"有了刻骨铭心的认识。

今年8月份，爸爸妈妈说抓住暑假的尾巴带我回老家看看。在去威海刘公岛旅行的途中，海岛上到处风景秀丽、鸟语花香，让人目不暇接。突然出现在眼前的一幕，打破了原本的美好，只见远处海面上漂着白的、青的、红的、蓝的"装饰物"，走近一看，原来是好多塑料袋。它们随着海浪不断地冲击着岸边的礁石，迎风呐喊着，仿佛在呼唤着："好累啊！我们已经在这流浪好长时间了，要把我们冲到哪里去啊？这种被人嫌弃的日子什么时候才是个头呀……"更可怕的是有好多海鸥在飞翔着觅食，好像对海上的这些"装饰物"很感兴趣的样子。"真担心这些可爱的小海鸥会因为误食漂浮的塑料袋而有生命危险！""等等，海里还有那么多珍稀且可爱的生物呢，要是也被它们吸引，导致杀身之祸……""不敢想象，太可怕了！太可怕了……"听到我的担忧，爸爸告诉我他小时候海水是多么清澈、海滩是多么柔软，海洋里各种各样的生物自由自在地生活在这片无边无际的大海中。可自从来这旅游度假的人多了，大量的塑料垃圾都被随意丢弃在这，给这片海域带来了极大的污染，每年都会有很多海洋动物因为吞食了这些垃圾而生病，甚至死亡。

　　听到这，我打断爸爸的话说道："海水一涨潮，海浪一卷，这些垃圾不就冲到海里去了吗？那样不就干净了吗？"听到我的疑惑，妈妈耐心地告诉我："宝贝，就拿最常见的塑料袋来说吧！你知道吗，1只塑料袋足以污染1平方米的土地。全球每人每天消耗1只，一年即为2.74万亿只，为人类第二大污染源。而且塑料回收的经济价值不高，燃烧销毁会产生有毒气体，又无法被自然分解，所以现在随处可见被人们丢弃的塑料袋，再这样下去，这些塑料制品早晚会吞噬我们赖以生存的地球！"看到我惊恐夸张的表情，爸爸打趣道："宝贝，别担心，现在国家已经提出'限塑令'，只要我们从现在开始改正自己滥用塑料的行为，这片海域还会恢复往日的美丽。这方面妈妈做得最好，日常生活中，无论是去商场购买生活用品，还是去菜场买菜，妈妈总是会选用环保袋（纸袋、布袋、竹篮等），值得大家学习！"我抬头看到妈妈肩上背着的布袋子，觉得它比任何的大牌包包都好看！

　　看看海边随风流浪的塑料制品，我坚定地冲着爸爸说道："爸爸，心动不如行动，我们就来一次捡垃圾比赛好吗？奖品是一瓶冰镇汽水！既用行动践行了'减塑令'，又在此用行动向大家发出环保从我做起，减少使用塑料制品的号召！"这个主意太棒了，爸爸妈妈都冲我伸出了大拇指！

同行的几个游客也加入我们的"捡垃圾"比赛，大家捡得不亦乐乎，最后爸爸请客，每人一瓶，皆大欢喜！

　　这次海边捡拾塑料垃圾，还大海一片洁净美丽的活动让我深刻地理解和践行了一把"减塑令"，应该让更多的人意识到塑料垃圾对我们的生活、我们生活的家园已经造成了不可逆转的污染，我要号召更多的同学及家人们一起拒绝使用有污染的塑料制品。保护环境从我做起，从点滴小事做起，争做"不塑之客"，共建绿色家园！

小家庭的减塑"大行动"

毛栎成　北京市海淀区永泰小学

辅导教师：范文静、芦慧稳

2022年作品

"全世界每分钟消耗100万个塑料袋，每年产生800万吨塑料垃圾""一个塑料瓶自然消解需要100年到200年的时间"。科普馆内一串串不可思议的数字令我瞠目结舌，一张张小动物们因误食塑料垃圾而生病、死亡的照片令我触目惊心。"真没想到，平时那么不起眼的一个塑料袋、一个饮料瓶，竟然会对环境造成那么大的危害和影响。"

细心的妈妈看我心事重重的样子，笑着问我："怎么样，长知识了？受教育了？是不是想要为减塑做点什么呀？""我一个小孩子能做什么，那么多的塑料垃圾，我捡也捡不过来呀！"我十分无奈地说。这时爸爸抢过话来对我说："每年产生800万吨垃圾，这个数字确实挺吓人。但是你想一想，这些垃圾也不是一个人产生的呀，每个人产生一点，每个家庭产生一些，积少成多就造成了严重的污染。如果我们自己能够做到少产生塑料垃圾，本身不就是一种支持减塑的最好行动吗？"我和妈妈都觉得爸爸说得十分有理，心动不如行动，就这样，在爸爸的启发下，一场家庭减塑行动计划孕育而生了。但新的问题也随之而来，减少塑料垃圾该从哪里减起呢？

爸爸首先发话："我觉得应该从杜绝妈妈点外卖开始，你看外卖的包装，大塑料袋套小塑料袋，小塑料袋套塑料餐盒，点一次外卖就产生好几件塑料垃圾，而且老吃外卖对身体不好，哪有自己做饭健康卫生。"妈妈不甘示弱立刻回敬道："我点外卖也是给全家点的呀，可是你爸爸平时总爱喝饮料，每天至少两瓶，你们算算一个月就得产生60个塑料瓶垃圾，而且老喝饮料对胃不好，哪有喝茶来得养生。"正当我听得起劲儿，爸爸妈妈突然一起看向了我，我紧张地说："外卖我是蹭妈妈的，饮料我是蹭爸爸的，我自己可没有产生塑料垃圾。"妈妈说："你看看自己买了多少支笔，品种花色齐全，少说有几十支，那可都是塑料材质的，买那么多用不了还浪费。"爸爸补充道："而且用签字笔、圆珠笔练不出好字，哪有钢笔来得经济实惠。"就这样，我们全家的减塑目标都找到了。

在接下来的日子里，妈妈放下了外卖，拿起了炒锅铲子，成为家里的大厨，外卖塑料包装消失了，换来了家中的阵阵菜香；爸爸放下了饮料，端起了茶杯，一个个塑料瓶消失了，换来了家中的阵阵茶香；而我，放下了塑料做的签字笔、圆珠笔，真的改用了钢笔，换来了家中的点点墨香。家里产生的塑料垃圾减少了，我们的生活变得更加健康了。

  这就是我们这个小家庭的减塑"大行动"。同学们快来一起加入吧！让我们从自己做起，从自己的家庭做起，为保护我们共同生活的环境贡献一份力量。

小区里的减塑故事

郁景尧　北京第二实验小学

辅导教师：甄奕

2022年作品

　　我们家的小区不大，只有六栋楼，但小区里却摆放着十个大垃圾桶，其中蓝色、绿色、红色桶各一个，分别装可回收物、厨余和有害垃圾，而装其他垃圾的灰色桶最多，有七个。每次我倒垃圾时，都发现几个灰色桶里塞满了装着垃圾的塑料袋。

　　有一次，我又去倒垃圾，看到灰色桶旁站着一位身穿环保服的大爷，一边摇头，一边拆开桶里的塑料袋，捡出东西往别的颜色桶里放。我很好奇，指着垃圾分类画问大爷："我们已经按照分类去扔垃圾了呀，您为什么还要再挑拣呢？多脏多累啊！"

　　大爷看了看我，举起沾满污渍的手套，叹口气说："是啊，小姑娘，挑拣垃圾很脏很累，还很臭呢，但是你看，很多人扔垃圾根本不分类。"大爷从桶里拎出一只鼓鼓囊囊的大塑料袋，打开一看，里面有矿泉水瓶、塑料饭盒、口罩等。我非常惊讶，听老师说，我们北京在两年前就实施了生活垃圾管理和塑料污染治理，可身边竟然还有这么多人扔垃圾时不分类，还扔掉那么多塑料垃圾。

我自告奋勇帮大爷分拣灰色桶里的垃圾，发现塑料饭盒、塑料杯、塑料袋非常多。大爷告诉我，现在人们爱网购，扔掉了大量的塑料包装。我查看塑料饭盒、酸奶盒的底部，印着三角循环和数字1或5，我知道这是可回收标志，就扔进了蓝色桶里，没想到大爷突然喊起来："这些不能回收！"我愣住了，大爷拿起塑料饭盒和酸奶盒，指着里面说："你看，这里都是脏东西，如果回收，还得找人清洗，划不来。"说着，就把它们扔进了灰色桶里。

我看着上百个大大小小的塑料饭盒、酸奶盒被扔进灰色桶里，心里很难受。本来可以回收的塑料盒却因为用过就被扔了，多么可惜啊，这样下去，我们生活里的"白色污染"就会越来越严重。我突然想起一个主意，问大爷："如果大家把这些塑料盒洗干净再扔，是不是就能回收啦？"大爷想了想，点点头："是的。"

我赶紧跑回家，拿起纸笔，工工整整地写上大字："请您将可循环的塑料盒洗干净，丢在蓝色垃圾桶里，谢谢！"我把纸条贴在垃圾桶上，大爷和我都开心地笑了。

救猫记

范浩飞　北京市昌平区昌盛园小学

辅导教师：石磊、郑双生

2022年作品

　　立冬后的一场寒雨，把北京一夜之间带进了冬天，天早早就黑了，又因为太冷，行人也渐渐少了。

　　放了学，我像往常一样独自坐公交在小区南门下车，顺着小区里没有行人的主干道快步往家走。这时，突然左前方道路边绿化带里传来一阵阵"窸窸窣窣"的声音，还夹杂着猫的凄厉惨叫声，好奇心促使我去探个究竟，于是借着路灯的光，我走上前，拨开灌木丛。眼前的一幕惊呆了我，只见一只小花猫不知怎么脑袋伸进了厚厚的购物塑料袋的洞里，身子也完全套进了袋子，整个购物袋却又被灌木丛向上或横生的密密枝丫给挂住了，于是它就被四肢悬空地挂在了那里，猫咪一边发出惨叫，一边使劲地蹬着四条腿，想要绝地求生，可越是使劲往后蹬，裹在身上的塑料袋就被拉扯得越紧，颈脖也因此被勒得更紧，无论它怎样翻滚使劲，想摆脱束缚，都徒劳无功，它怎会知道厚厚的购物塑料袋是轻易撕不破的呢？随着小猫咪的奋力挣扎，它的喘息声变得越来越微弱，我吓得赶紧一把提起它，轻轻从提手洞里掏出来它的脑袋，又从书包里掏出为美术课准备的剪刀，三下五除二把挂在那些枝丫上的塑料袋剪破，彻底解除塑料袋束缚的那一刻，受了惊吓的小猫咪弓起背，朝着小区隐暗的地方箭一般地飞奔了出去，瞬间没了踪影，只留下远处几声猫叫……

我继续快步地朝家里走去，心里默默想着，幸亏小猫咪今天遇到了我，塑料袋可真不该乱丢啊。又联想起以前新闻上报道的"白色污染"造成的种种危害：人类向海洋倾倒不能降解的塑料制品，海洋动物有的误食被噎死，有的被套住了身体不能游泳溺死，有的被缠住了翅膀不能觅食饿死。想着想着就到了家，姥姥已经做好了饭菜，正在阳台上晾晒她用洗米水清洗过的各种塑料袋，从前姥姥做这些的时候，我总嫌弃她是在阳台上挂"万国旗"，影响"室容室貌"，今天我默默走过去帮姥姥一起晾晒起来，也终于认识到了姥姥其实一直都在循环使用塑料袋，默默践行着"减塑"的环保理念。

跟家里人比起来，我的环保意识一直不强，直到见到被塑料袋勒得奄奄一息的小猫，我才真切感受到响应"减塑"号召的紧迫性。

此刻，我在灯下认真地写着作业，希望将来自己可以从事材料方面的研究，发明出替代塑料的原料，把"白色污染"变成过去式，让祖国处处都是绿水青山，也是可世世代代相传的金山银山。

"限塑令"
——写给大自然的一封感谢信

金妍　北京市陈经纶中学分校东湖湾校区

辅导教师：张昕

2021年作品

亲爱的大自然母亲：

　　还记得那年您送给了我们一份贵重的礼物，一个黑色的盒子里，装满着石油与煤炭。您笑着对我们人类说："去吧，让这些资源造福更多的人民！"可调皮的我们却把石油加工成燃料，把它用在了交通、工业生产等领域，造成的大气污染差点儿让您翻了脸。您用雾霾和全球变暖警告我们不能再肆无忌惮地燃烧燃料了。我们似懂非懂地点点头，又将石油和煤炭加工成塑料，这些难以回收的"白色污染"染白了您的头发，让您不堪重负。我们将无法回收的塑料倾倒在海洋中，让这些垃圾流淌在您的血液里；我们将塑料埋在地里，让这些垃圾在您的肉体中不断腐蚀。您已经病入膏肓，无法呵斥我们，只是呻吟着，用最后一口气告诉我们不能再生产塑料垃圾了。您清澈的双眼里，不再是温柔的目光，而是布满由塑料构成的血丝；您俊秀的发丝，不再像往常一样顺滑，而是被塑料紧紧缠住，发出刺鼻的恶臭。

2015年，您将一头鲸鱼送上英国斯凯特岛的海滩。当我们的解剖人员划破它的腹部时，才惊人地发现它的胃里填满了塑料垃圾。您敲响了无声的警钟，警告我们白色污染已经严重到了令人发指的地步。我们从小就吸食着您的血肉，依靠您的哺育而生存，可现在您瘦骨嶙峋的躯干中已经没有了足够的养分，只剩下我们制造的"白色垃圾"，填充起您的身体。那时我们才知道，每年约有10万只海洋哺乳动物因为塑料污染而丧命，上百万只无辜的海鸟遭受着塑料的迫害。

我们的一举一动都在消耗着能源，而我们生产出的"白色垃圾"，分解需要500年。

我们不敢再糟蹋您的身体了，我们开始意识到减塑环保的重要性。我们开始想尽各种办法，从寻求有效的回收塑料方法，到尽可能地减少塑料的使用，再到寻找材料替代塑料。我们开始从源头寻找减少"白色污染"的方法，用我们的法律约束塑料的使用。

大自然母亲啊！让我们给您道歉！我们会用尽全力修复您瘦弱的躯干，让您恢复往日的身姿！

大自然母亲啊！让我们给您道歉！我们会想尽办法减少"白色污染"，让您和我们共同生活在绿水青山的屋檐下！

大自然母亲啊！让我们送您一份小小的礼物，让您看到我们的努力！我们在2020年颁布了"限塑令"，我们已经行动起来了！2020年底，北京最严"限塑令"落地，多项举措影响到了我们的生活，如纸吸管代替塑料吸管、可降解塑料袋代替普通塑料袋等。更是有很多国家爱护环境人士把牛奶盒上的吸管返厂。再过几年，就不会再有黄色盖子的塑料罐头，这些举措光是在节日几天就可以减少85吨塑料！

  大自然母亲啊！我们恳求您再给我们一次机会。这一次，我们将从自身做起，垃圾分类、不使用"白色垃圾"，将全球环保热风吹向全球，让绿色环保风吹遍地球每个角落！

  此致

敬礼

一位深爱您的学生

2021年9月

争做减塑先锋，让文明袋袋相传

何雨涵　北京市第八十中学嘉源分校

辅导教师：程露、黄煜茗

2021年作品

　　今天由三斤梨引发了一件郁闷的事，从最初的委屈到最后的支持，我的心情就像坐过山车，但经过这件事，我对"减塑"的思考更加深入了，我决心做一名"减塑"小达人。

　　周日的早晨阳光明媚，妈妈带着我去早市买菜，出门时她接了一个电话，把每次买菜必备的布袋子忘在了家里。

　　我俩慢慢悠悠在市场里溜达，在经过一个卖梨的摊位时，摊主大声吆喝着："三斤十元，三斤十元，正宗平谷玉露香梨，又甜又脆哟！"她停下了脚步，精心挑选起来，挑好后摊主一过秤，正好三斤，我妈拿出手机扫码支付完毕，摊主已将梨装在了塑料袋中，见我妈盯着那袋梨就是不伸手，我还以为她想让我拿呢，伸出手就去接，她却一拍脑门说道："师傅，不好意思啊，这种塑料袋不是早就不让用了吗，您看好多超市都换成可降解的购物袋或者环保袋了,我今天出门着急,忘记拿布袋了,您看能不能给我换个可降解的袋子啊,付钱也可以。"

听她这么一说,那位摊主的脸色马上晴转多云:"你这个人咋这么多事,不就是一个塑料袋嘛,早市怎么能跟超市比,小本生意,哪用得起那么贵的袋子。"妈妈一听这话,脸上也有点挂不住了,转身对我说:"雨涵,你跑一趟,去家里把我的布袋子拿过来,我在这儿等你。"

我一听,当时心里的想法和那位摊主一模一样,不就是一个塑料袋嘛,干吗这么认真,还非得让我跑一趟,多麻烦啊。心里这么想,却也没有别的办法,极不情愿地回家将袋子拿了过去。本次早市之行以我满肚子的委屈郁闷告终。

妈妈似乎觉察到了我心里的想法,回家后,她给我搜了一段视频。在一片海滩上,搁浅着许多头抹香鲸,这些鲸都已经死亡,人们很好奇为什么鲸会集体自杀,于是就将鲸进行了解剖,结果让人触目惊心,这些鲸的肚子里全部塞满了塑料袋,死亡就是塑料袋导致的。

看完视频我久久沉浸在悲伤的情绪中,人类对地球的掠夺和破坏太残忍了,太可怕了,水土流失、水灾频发、全球变暖、物种消失,一味向地球索取的人类,已将赖以生存的地球推到了十分危险的境地。

中国有14亿人口,每人只用一个小小的塑料袋,集合起来就是14亿个,这是多么庞大的数字,这14亿个塑料袋被扔掉后,成千上万年都没有办法被分解,埋在地里会污染土壤,焚烧会产生有害烟尘,扔进大海就会导致大量海洋生物死亡,海洋生态平衡遭到破坏,而这些后果都是不可逆的。

我心里的委屈和郁闷霎时间就化解了,我对妈妈的行为感到无比的骄傲和自豪。我也要加入"减塑"的行列,成为"减塑"小达人,我要从我

自己开始改变,再去影响身边的人,具体怎么做呢?我制定了五点:

1.外出就餐时不使用一次性餐具;

2.尽量避免外带外卖,若无法避免,则选择使用环保餐具;

3.买东西的时候自备环保袋,拒绝使用塑料袋;

4.将生活当中可重复使用的塑料制品收集起来,分类投放,循环再利用;

5.随身携带可重复使用的水杯;尽量不买瓶装饮料和瓶装水。

欢迎大家一起加入"减塑"行动,群策群力,想出更多更好的方法保护我们的生存环境,守卫地球妈妈。

做"减塑"行动派

张岚婷　北京市丰台区第八中学
辅导教师：曹玮
2021年作品

周末我和同学们约着去商场逛街，中午路过麦当劳吃饭，突然发现那地方的饮料变成了直饮杯，没有吸管了，吃冰淇淋的小勺也从塑料的变成了很浅的木勺，我们都觉得没有以前的塑料吸管和塑料勺方便。

回到家，我忍不住跟奶奶吐槽："奶奶，您知道我们今天去吃饭有多郁闷吗？"奶奶边织毛衣边对我露出你说说的表情。"……吃冰淇淋的小木勺子特别浅，都盛不上来多少，吃着真不过瘾！"

奶奶说："你还不知道吧？现在可不让用塑料吸管了，一次性的塑料的东西都不让卖了。""啊，这是为什么呀？"我都想跳起来。"新闻都说了，塑料污染太厉害了，国家出了法规，不让用了，要绿水青山可持续发展。"奶奶说着把她手里织的东西给我看，"买菜都不给塑料袋了，正好家里有线，我钩几个线袋子来买菜用。"

原来她不是在织毛衣啊。"这太麻烦了吧！买菜还要自己带袋子，那菜上有泥什么的，回来还要洗！"我说，"等妈妈回来，我让她网上多买点儿一次性塑料袋，淘宝肯定有，您别织了。"奶奶不同意："都说了一次性塑料污染环境，对人不好，咱们家不用。原来我们年轻时候，买东西都用牛皮纸装，用布口袋，用竹子编的菜篮子。"竹子编的菜篮子……这工艺品，能用吗？奶奶看出我不相信，她踩上板凳，用铁钩子从衣柜顶上钩出来个大布口袋。打开一看是个竹篮子。奶奶说她原来家里有好几个竹篮放东西，后来住楼房了，买东西都有塑料袋，就把破的旧的篮子扔掉了，只留下一个新的。

看着奶奶的竹篮子，怎么都觉着和周围不搭调。人类都能太空旅行了，难道买东西的方式还要退回到奶奶他们年轻时候那个物资匮乏的年代吗？北京为什么要出台"限塑十条"啊？带着满脑袋的想不通，我打开电脑百度起来。一输入"塑料制品危害"，很多视频映入眼帘：身形巨大的抹香鲸因为胃里装满塑料垃圾集体自杀搁浅，野生动物因为胃里堆积太多塑料垃圾而无法进食，被塑料渔网缠住的海龟绝望等死。不少动物或因误食导致死亡，或因被塑料制品困住造成身体的伤害。

由于塑料物理化学结构稳定，在自然环境中可能数十至数百年都不会被分解，对塑料垃圾的处置，是世界公认的环境难题。微塑料分布广泛，可能飘在空气中，可能混在土壤里，也可能溶于淡水和海水，几乎无处不在。我们的身体可以通过食物、饮水、呼吸和皮肤吸收等途径摄入微塑料。微塑料还像PM2.5那样，会黏附很多有害的化学物质。科学家在人类的乳汁、粪便里都发现了微塑料的存在，说明塑料已经进入人类的食物链。

虽然目前科学上尚无证据表明微塑料会对人体健康产生直接危害，但其潜在影响不容忽视。我国每天使用塑料袋30亿个，塑料袋年使用量400万吨，而随着外卖快递数量增加，塑料袋使用量还在继续增长。又如一次性笔，除了笔球珠等少部分是金属材料，其他部分几乎全为塑料制成。中国制笔协会数据显示，我国消费者2016年用了45亿支。想想这个数字，如果我们不采取有力措施管控塑料产品的滥用，很快我们就被塑料包围了。没想到是这样，我们可不能刚有太空家园，就失去地球家园啊！

  我赶紧把我查到的数据资料告诉奶奶，奶奶也没想到每天用几个塑料袋能有这么大危害，直说要抓紧把线袋子钩好再去找几个老姐妹聊聊。正说着，业委会刘奶奶来敲我家门，她和我奶奶是一个单位的同事，退休了总一块聚。刘奶奶说居委会想组织一个"限塑10条"相关的宣传活动，找我奶奶出出主意，如果能让大家都在购物、用餐过程中自带可重复使用的袋子、自带打包餐具，就能大量减少塑料垃圾了。

  听她们聊着怎么引导大家改变原来总用一次性塑料制品的习惯，我想起来之前妈妈减肥的时候，她参加了一个健身群，每天群里都有很多人打卡运动量和体重，也会分享减肥心得，妈妈体重很快就控制下去了。把这个方法用于"减塑"是不是也行呢？刘奶奶听了我的建议，直夸我有创意，她还借走了我奶奶的竹篮子打算在活动中展出唤起大家的记忆，让菜篮子、饭盒重新回到大家生活中，减少一次性塑料制品使用。

  是啊，"减塑"要行动起来，我们学生要减少一次性塑料产品的购买，用可替换可降解笔芯的文具和重复利用塑料书皮。从日常事情开始，为创造蓝绿交织的城市生态底色和清新优美的城市生态环境行动起来，我们要做"减塑"行动派。经过这次，我觉得我不仅要自己改变观念，还应该实践起来带动更多的人产生影响力。"保护环境"，真的不只是一句口号。

我身边的"减塑"达人

梅晏溪　北京市第三十五中学

辅导教师：郅彤

2022年作品

我的姥爷是一位从草原走出来的"老革命"。自从退休以后，他最热衷的"事业"就是回到家乡清理草原上那条小河里的塑料垃圾。

草原上的耕地并不能长出丰硕的粮食，于是家乡人也学着别人在地上盖上一层塑料膜，保温的同时还能保持土壤的湿度，期望庄稼丰收。但实际上随之而来的还有一个最大的问题那就是漫天飞舞的塑料。每当我暑假回去时，都会看到一片片退耕还林的沙打旺牧草上挂满了各种颜色的塑料，一点都不美，反而让人觉得脏乱差。有时朋友们来草原避暑，我都要提前给他们"打预防针"，不然蓝天白云绿草茵茵的美丽草原会被这些无法消灭的彩色塑料毁了大半形象。

姥爷的夏天基本在草原度过，在他还没回去时，就会给村支书打电话："铁牛啊，今年用塑料大棚的多吗？摘棚时，可要和大家提前做工作，要把塑料集中收起来，可不敢随地乱扔啊！塑料埋在地下要两百年的时间才能腐烂，也别焚烧，这都会造成污染。等我回去找市里有关部门，咱们集中处理。"而姥爷也是实打实地为我们的小村庄服务。每当他回到太姥姥家，村里人都会来问候他："姐夫啊，你回来了！有事你就招呼我们啊！"姥爷说一不二，不但号召大家，就连我们这些"娃娃兵"，他都会发工具，领着我们一起去小河捡塑料。

听姥爷说，草原上的河都是母亲河，她养育着草原方圆数百里的牧民和牲畜，很宝贵。这条河以前很宽，最宽的地方有十几米，而如今，渐渐变成了我眼中的小河，最窄的地方还不到两米，我一下子就能跳到河对岸去。我用姥爷给的"长杆抓"很熟练地捡着河里的塑料垃圾，时不时再逗逗河里的小鱼。再看看姥爷，他戴着个草帽，低着头认真地工作，脖子都被晒黑了，而跟在他后边的人也是低头不语，生怕老首长发现他们不好好劳动而被批评一顿。就这样，我的暑假几乎每天都要去捡塑料膜、塑料袋、塑料瓶。每当我们暑期结束时，小河里已经干干净净，似乎又宽了不少，小鱼们游起来的速度像飞一样，一眨眼就游到下一个拐弯处了。

疫情以来，姥爷也不能经常回去，但他会时不时电话遥控指挥。我坚信，家乡的小河依然清亮。

小小帆布袋

董梓钰　北京市丰台区第八中学

辅导教师：许晓萌

2022年作品

　　如果你要问我，2022年你家最大的变化是什么？我的回答是，我家那些用起来十分方便的塑料袋消失了，取而代之的是既简约又好看的帆布袋，它挂在家中不同的位置，很显眼。

　　故事是从妈妈这儿开始的。以前，妈妈从超市回来，总是拎着大大小小装满东西的塑料袋，而现在妈妈每次从超市回来，都拎着装满东西既简约又好看的帆布袋。妈妈的变化让我有些不解，"妈妈，塑料袋那么方便，您为什么不用了呢？"妈妈有些自豪地说："你知道吗，塑料袋对我们的环境危害很大呢！你看这帆布袋，既好看又实用，还比那些装瓶酱油就爱破的塑料袋经用多了。最主要的呀，是咱们国家提倡'减塑'行动，咱这不是要积极响应吗！"我似懂非懂地点了点头。

　　不光是妈妈的行动，爸爸的行为也发生了很大变化。今年以来，爸爸买东西回来不再是各种颜色大小不一的塑料袋，而是一个帆布推车。站在帆布推车前，看着不再气喘吁吁的爸爸，我猜测是帆布推车更加省力吧。爸爸注意到了我的动作，笑着说："是不是好奇我为什么开始用帆布推车了？"我点点头。"帆布推车不光省力，它还更加环保，你看我用帆布推车后，就没再用过塑料袋了，'减塑'行动要从身边的事做起。"我点了点头，减塑就真的那么重要吗？

于是，我来到网上查找资料。不查不知道，一查真让人吓一跳啊！我国每年产生6000万吨左右的废塑料，这是相当惊人的数字了。什么概念呢？这些废塑料可以填满4.5个西湖！大多塑料类垃圾都不可降解，在自然界停留时间一般可有200~400年，有的可达500年，对土壤造成了极大的危害，它能够改变土地的酸碱度，会污染土壤，农作物对养分和水分的吸收也会受到影响，从而导致农业减产。不光对土地造成污染，同时废塑料也会污染我们的空气。制造塑料的时候，气味会飘散在周围的空气中，塑料的聚氯乙烯其中有氯，它是有毒物质，人们大量吸入会中毒。"白色垃圾"可能会成为有害生物的巢穴，它们能为老鼠、鸟类及蚊蝇提供食物、栖息和繁殖的场所，其中的残留物也常常是传染疾病的根源。

塑料有这么多危害啊！我该怎么做才能减塑呢？

"从身边小事做起。"爸爸的话又回响在我耳边。

那就从我装书的袋子开始吧！以前习惯了用塑料袋装书本的我，向妈妈提出能不能给我买个好看的帆布袋装书，妈妈很高兴地答应了我的请求，来到琳琅满目的超市，妈妈和我一起挑选帆布袋，最后选择了几个带有小熊的帆布袋。

再去学校，我提着一个装着书本的很可爱的小熊帆布袋，一下子就获得了好多同学的喜欢。"哇哇哇！好可爱，从哪里买的啊！""有没有别的样子的，你的这个帆布袋看上去好实用！"一时间同学们蜂拥而至，看着这美观又实用的帆布袋。很快，我们班就流行起来用帆布袋装书。曾经教室里那些随处可见的塑料袋也消失了！不光是我们班，慢慢地整个年级都开始用帆布袋，各种各样好看又环保的帆布袋，取代了曾经白花花黑乎乎的塑料袋。

在小区中能看到好多人都在使用帆布袋，不光有自己买的，还有社区发的呢。大家都在为减塑出一份自己的力，减塑在行动！

小小帆布袋，折射出的是我们思想观念的转变和行为习惯的改变，也是我们"减塑"行动的见证！

减塑，我们在行动！朋友们，让我们携起手来，从身边的每一件小事做起，共护地球这个美丽的家园！

捡垃圾的怪老太太

刘仕荣　北京市陈经纶中学分校东湖湾校区

辅导教师：于春菲

2022年作品

　　在我家的小区里，有许多捡垃圾的老人。他们整日在小区里游荡，时不时翻脏兮兮的垃圾桶，有时他们还会因几个纸箱子争吵起来。因此，我对这些人并无好感。

　　这些人当中有一个老太太让我印象格外深刻。她的长相怪怪的，矮小瘦弱，皮肤黝黑，半白半黑的头发随意地散在头上，蛇一般的皱纹爬满了整个沧桑的脸。她常穿一些看起来很旧的过时衣服，鞋也是老北京的帆布鞋。她的行为也挺怪的，跟其他捡垃圾的老人不一样的是，我从来没看见她去翻垃圾桶里的东西。倒是常见她弯着腰去捡树底下或者犄角旮旯处的矿泉水瓶和纸壳。

　　我常常在放学路上遇到这位怪老太太，但出于对她相貌和行为的厌恶，我一直不敢靠近她，总是远远就躲开了。

有一次，我和奶奶聊天提起她，奶奶说："那老太太我认识，听说女儿在国外工作，还开了一家公司，她自己则带着外甥女在国内住。"听完这些，我很好奇，这个怪老太太也不缺钱啊，为什么要捡垃圾呢？

一个周末的下午，我到小区附近的河边玩打水漂。秋风萧瑟，水面波光粼粼，天气已经变得很冷了，平日里人来人往的河岸也冷清了许多。远远地，我看见一个熟悉的身影在佝偻着身子捡垃圾，她熟练地拾起河边的矿泉水瓶，放到身边的塑料袋里。走近一看，果然是那位怪老太太。

这次，强烈的好奇心终于让我鼓起勇气问道："天这么冷了，您为什么跑到河边来捡垃圾啊？"老太太笑着说："我住在这附近，像你这么大的时候也常常到河边玩，那时候河水可清了，可是现在这里环境变差了，我年纪大了，捡几个瓶子既能锻炼身体，又能帮着改善一点环境，这样挺好的。"我怔住了，心里被电击了似的，一股敬意油然而生。

"保护环境，人人有责"这句口号我们喊了很多年了，可像"怪"老太太那样身体力行的又有几个呢？从老太太佝偻的身形上，我看到了她对居住环境的热爱，从老太太沧桑的脸上，我看到了人世间最美的光彩。

加速减塑，我有行动

杨敬依　北京市第五中学通州校区

辅导教师：高玉红

2021年作品

如果未来有一天人类灭绝了，你认为最大的可能是什么？核战争、传染病还是重大地质灾害？我认为这些都不是，真正能让人类灭绝的是这个已经潜伏了上百年的"隐形杀手"——微塑料。

自从110多年前美国人利奥·贝克兰德从石油中提取了塑料之后，微塑料这个"隐形杀手"就悄然来到人类身边，过去人类一直对塑料不断创新，享受着它带来的各种便利，却对微塑料以及微塑料对我们的潜在影响还所知甚少。更没有意识到其对人类健康的巨大危害。直到最近十年，这种危害不断出现，人们才突然反应过来原来人们离"灭顶之灾"这么近。

如果我们在未来30年里还无法控制微塑料，到时候其将成为危害人类健康的主要原因之一。比如，人类无法生育或不断暴发各种疾病。有科学家估算全球约有26亿人的胃中潜伏着这种"隐形杀手",也就是说目前已经有将近一半的人类,遭受了微塑料的危害。奥地利科学家追踪了来自世界上8个国家的志愿者的饮食,并检测了他们的粪便,发现每个人的粪便颗粒中都有微塑料的存在。2020年意大利科学家首次在人类胎盘中发现了微塑料颗粒。这不由得让人惊讶,微塑料的危害远比我们想象的还可怕。

追根溯源这些微塑料是怎样产生的呢?我们都知道,在我们的日常生活当中,每天都会产生很多的塑料垃圾,这些垃圾数量巨大,但只有9%得到了回收利用,还有12%被焚烧,剩下的79%有的被送到掩埋场掩埋,有的则直接或间接进入了大自然。其中大部分被倒入海洋,使得海洋生态系统成了微塑料污染最严重的地方。原本蔚蓝的海洋变成了一座座"流动的垃圾场",过去清澈的海水,也变成一碗碗"浓稠的塑料汤汁"。到目前为止,人类总共向海洋中排放了约10亿吨塑料垃圾。但是把海洋里能看到的塑料垃圾加起来,它的总数却远低于这个排放量,那么这些消失的塑料垃圾去哪了呢?2004年科学家首次提出了微塑料的概念,科学家们说这些消失的塑料并没有被彻底降解,而是被逐步分解,最后成了非常微小的塑料颗粒,悬浮在海洋之中。

据联合国统计,全球海洋里大约有51万亿个微塑料,这些微塑料体积小、浓度低,随着洋流被带到很远的地方,就连马里亚纳海沟和南北极都有微塑料的身影。为了测试微塑料的毒性,科学家们以虎鲸和浮游生物为标本展开研究,结果发现那些未被排出的微塑料,释放毒性的时间很漫长,而且这会使动物的生育繁殖能力大幅下降,同时释放大量致癌物质。处于食物链顶端的人类也吃海洋动物,那么我们可能是这场灾难的最终受害者。随着科学研究的不断深入,我们发现除了海洋,我们日常生活中使用的淡水、土壤、大气中都有微塑料的存在。

在地球上，每一分钟我们会购买100万个塑料瓶、100万个一次性纸杯和200万个塑料袋，而每一分钟我们就会把一辆卡车的塑料推入大海。我们都是微塑料污染的制造者，我们用过的每一个塑料制品，都可能是海洋微塑料的来源之一。日常食盐中的微塑料或许就是你在不经意间抛弃的一个塑料袋，在它粉身碎骨之后，又幽灵般地爬上了你的餐桌，看不见摸不着却自食其果。那些遭受微塑料污染的海洋生物，要么被塑料活活撑死，用腐烂的身躯告诫人类，要么被捕捞上来，进入大众餐桌……

我们的生活被各种塑料制品包裹，我们常常一边吐槽塑料垃圾带来的污染，却一边在大量使用塑料袋、塑料包装。水果店的水果装了小袋子，还要再装个大袋子，奶茶店的奶茶一个塑料杯配个塑料吸管，再来个塑料袋。吐槽不能改变现状，转发朋友圈也不能。只有行动能带来改变，哪怕再小的行动背后都充满意义。但现实是99%的人都认为环保无比重要，却只有1%的人在行动。所以从意识到行为的转变，到底还差点什么？

一、从自身做起，积极支持和宣传国家有关环保政策，传播环保理念，争当塑料污染治理的宣传者、实践者和监督者。

二、就餐时不使用不可降解的一次性塑料餐具、一次性塑料吸管，尽量自带可重复使用的餐具。不使用塑料书皮，倡议自带水杯。生活中不使用一次性塑料棉签、含塑料微珠的日化产品。

三、在购物、餐饮打包外卖和快递寄送的时候，尽量不使用不可降解塑料袋、一次性塑料编织袋等，降低不可降解的塑料胶带使用量。推广使用环保非塑制品和可降解购物袋，推广使用生鲜产品可降解包装膜（袋）。

四、自觉做好垃圾分类，尽量做到塑料垃圾分类投放，不随意堆放、倾倒造成塑料垃圾污染，提高塑料废弃物资源化利用率。不焚烧一次性塑料制品，以免产生有害气体污染环境。

  让我们迅速行动起来，树立"减塑限塑"的环保理念，承担环保责任，以实际行动，对环境少一分破坏，多一分关爱！相信在大家的共同努力下，我们的家园一定会更加美好，我们的社会一定会更文明、更进步！

减塑始于点滴，环保从我做起

张楠　北京市延庆区第二中学

辅导教师：李超

2022年作品

　　生活中塑料制品随处可见，给人们提供方便的同时也带来了难以想象的污染。废弃的塑料制品在自然填埋的条件下，有可能要几十年、几百年，甚至上千年才能完全降解，不仅污染了环境，还影响了土地的正常使用。若是焚烧处理也会产生大量有害气体和残留物。所以如何减少塑料制品的使用，是一个十分重要且长远的问题，需要每一个人从点滴做起，让环境变得更加美好。

　　如今，塑料对环境的污染已不容忽视。真正解决塑料危机的方法之一是共同减少一次性塑料制品的使用，摆脱"用完即弃"的习惯，通过源头减量、重复利用通向没有塑料污染的可持续未来。还记得初三时候的班主任在课上对我们进行环保教育时那番语重心长的话："不知道大家有没有这个习惯，反正我出门买东西永远都自己带个布袋子或者纸袋子，我从来不用商场里的塑料袋，付费的、免费的都不用。"听完后我陷入了沉思，如果每一个人都可以不用商店提供的塑料袋子，那么我们的环境一定会比现在更好吧？这样一来，大大减少了塑料袋的使用量，对阻止"白色污染"的蔓延起了重大作用。自那以后，我每次出门购物，都会自己带袋子，也呼吁身边人尽量不使用超市提供的塑料袋。

为响应北京的"限塑令"，去年冬天，我同20多名志愿者一起不畏初冬的寒冷按照要求早早地来到了集合地点，在常务总队长的带领下进行统一分组，排着整齐的队伍到达了各自服务区域后，立马就干了起来。只见队员们有的拿夹子一个接一个地捡拾着塑料制品，有的队员拿袋子认真并科学地进行塑料分类。只属于冬季特有的寒风瑟瑟，空气中弥漫着冷气，使得一些队员们的手冻僵，身体也有些冷意。但是队员们的干劲没有受到天气的影响，并且始终呈现着一种积极热情的状态。摄像紧随其后，时时记录着我们每个队员克服困难乐于奉献的精彩瞬间。在队员们的努力下，该区域的塑料被捡拾干净，用队员们的劳动净化了这片区域，弘扬了志愿者的奉献精神，增强了环保的意识，同时这也是践行二十大精神，进行减塑的一个具体行动。因此，减塑，要从每一个人做起。

地球是我们赖以生存的家园。治理塑料污染，保护生态环境，广大市民既是绿水青山的守望人，更是撸起袖子加油干的行动者，应当养成"低塑"生活习惯，践行绿色生活方式，让我们一起从点滴做起，撸起袖子加油干！

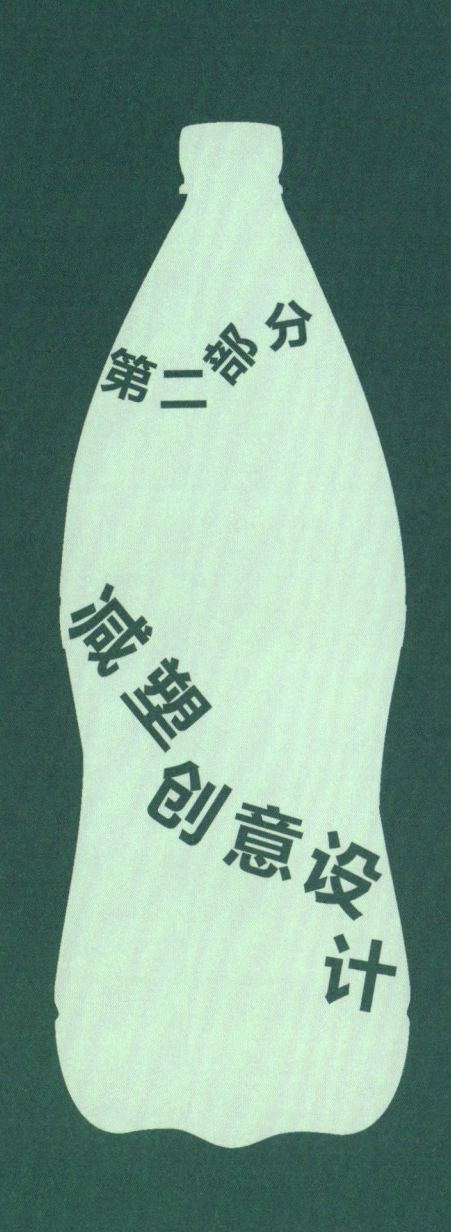

第二部分 减塑创意设计

作品要求

作品以塑料制品为题材或主要材料。需为个人原创，不得盗用、抄袭或篡改他人作品。作品为平面或立体设计均可，其边长不超过60cm。结构稳定，外表美观，形象清晰，简洁明了，富有寓意，有一定深度和创意性，易于识别和传播。参赛学生应参与实际工作，且独立完成主要任务。

征集情况

2021年活动征集小学低年级178件、小学高年级208件、初中191件、高中27件，合计604件。2022年活动征集小学低年级239件、小学高年级289件、初中195件、高中68件，合计791件。由于本书篇幅有限，共选取各年龄段的45件作品。

减塑创意设计科幻画

朱韫之　北京市西城区奋斗小学

辅导教师：冯欣、项彤

2021年作品

被垃圾包围的北极熊

陈知新　北京市西城区西什库小学

辅导教师：王斌

2021年作品

第二部分
减塑创意设计

环保的呼唤

王祥祯　北京市陈经纶中学嘉铭分校

辅导教师：乐晓峰、魏素文

2021年作品

多功能环保背包

蔡一宁　北京市西城区西什库小学

辅导教师：王斌

2021年作品

一次性地球

王炜涵　北京市东城区史家胡同小学

辅导教师：李鑫坤

2021年作品

减塑行动
—— 拯救海洋生物

肖子木　北京市陈经纶中学嘉铭分校（秀园校区）

辅导教师：赵菁、沈春丽

2021年作品

减塑，我们在行动

刘添娇　北京市昌平区回龙观第二小学

辅导教师：黄明明

2021年作品

塑"住"世界 管"制"人生
—— 塑料魔爪伸向地球

韩宇轩　北京市丰台区丰台第二中学附属看丹小学

辅导教师：支率军、张海英

2021年作品

第二部分
减塑创意设计

We need a wave of change

沈湛朗　北京市西城区阜成门外第一小学

辅导教师：赵溪

2021年作品

被污染的海洋

杨卓熹　北京教育学院附属丰台实验学校

辅导教师：李宇

2021年作品

别让这一"袋"影响下一代

侯沫奇　北京市西城区厂桥小学

辅导教师：李宇

2022年作品

无塑开学季

张恺彧　北京市东城区革新里小学

辅导教师：杨春娜

2022年作品

鲸鱼的眼泪

王麒焜、张蓁实、曹佳荃　北京市东城区史家胡同小学

辅导教师：杨华蕊、叶楠、武炜

2022年作品

"未来"的世界

郭子嫣　北京市昌平第二实验小学

辅导教师：高卓伦

2022年作品

蔚蓝减塑

李韵儿　北京市第二中学经开区学校

辅导教师：解立颖、曹炯炯、高宇

2022年作品

重"塑"蓝色梦想

贾丁一　北京市朝阳区陈经纶中学分校实验学校

辅导教师：田泽

2021年作品

逃离塑料，拥抱蓝天

蓝童馨　北京市东城区史家胡同小学

辅导教师：杨春娜、郝瑞

2021年作品

会呼吸的地球

何雨欣　北京市东城区史家胡同小学

辅导教师：杨春娜、郝瑞

2021年作品

小小瓶盖玩转"减塑"世界

王嘉彤、金旻、逯笑岩　北京市昌平区南口学校

辅导教师：王鑫、李婧怡、郭煦峰

2021年作品

植物塑料机

赵紫涵　延庆区第一小学

辅导教师：卢慧霞、王静波

2021年作品

减塑前后的地球

宋奕维、张乐、聂佳懿　北京市通州区台湖学校

辅导教师：常慧颖、崔然

2021年作品

海洋塑料污染

吕洁歆　北京市西城区白纸坊小学

辅导教师：霍艳、张若男

2021年作品

丰收

陈艾妮　北京市朝阳区呼家楼中心小学

辅导教师：张洁、沈海云、秦翠华

2022年作品

绿色未来

尚小惜　北京市朝阳外国语学校北苑分校

辅导教师：田建辉

2022年作品

王彦迪《绿色之心》

绿之心

王彦迪　北京市朝阳外国语学校北苑分校

辅导教师：田建辉

2022年作品

不塑之课
——2021~2022北京市中小学生环境教育系列活动

呼救的巨人

赵逸航　北京第二实验小学

辅导教师：杨兴华

2022年作品

第二部分
减塑创意设计

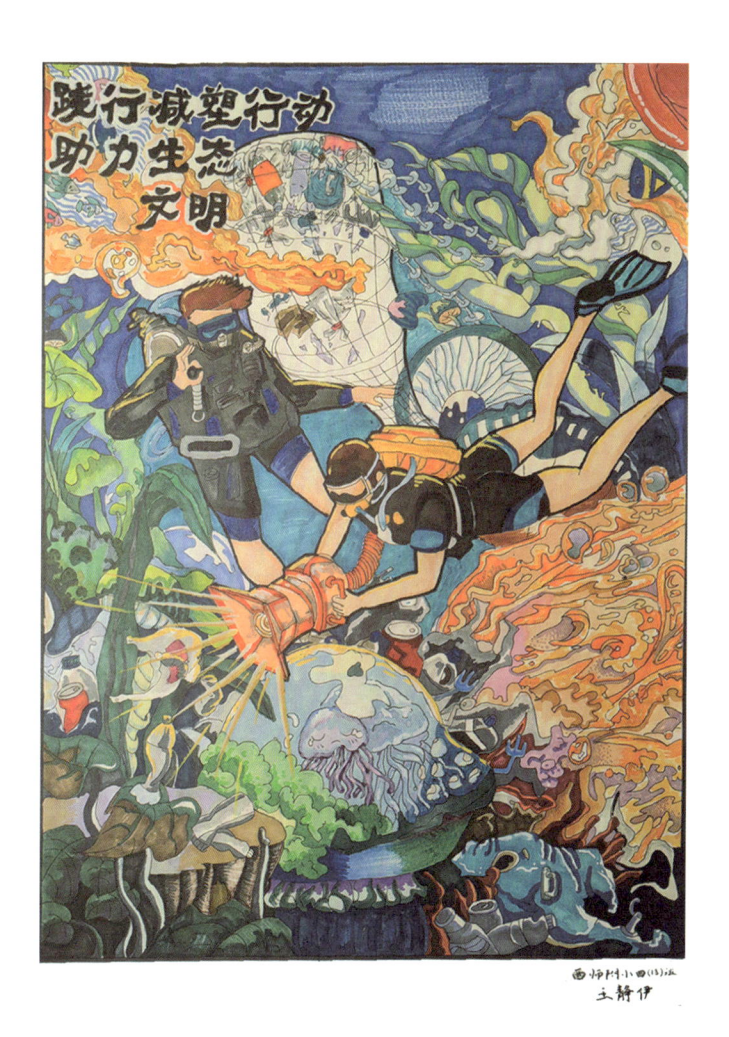

践行减塑行动　保护蓝色海洋

王静伊　北京市西城区师范学校附属小学

辅导教师：张玉

2022年作品

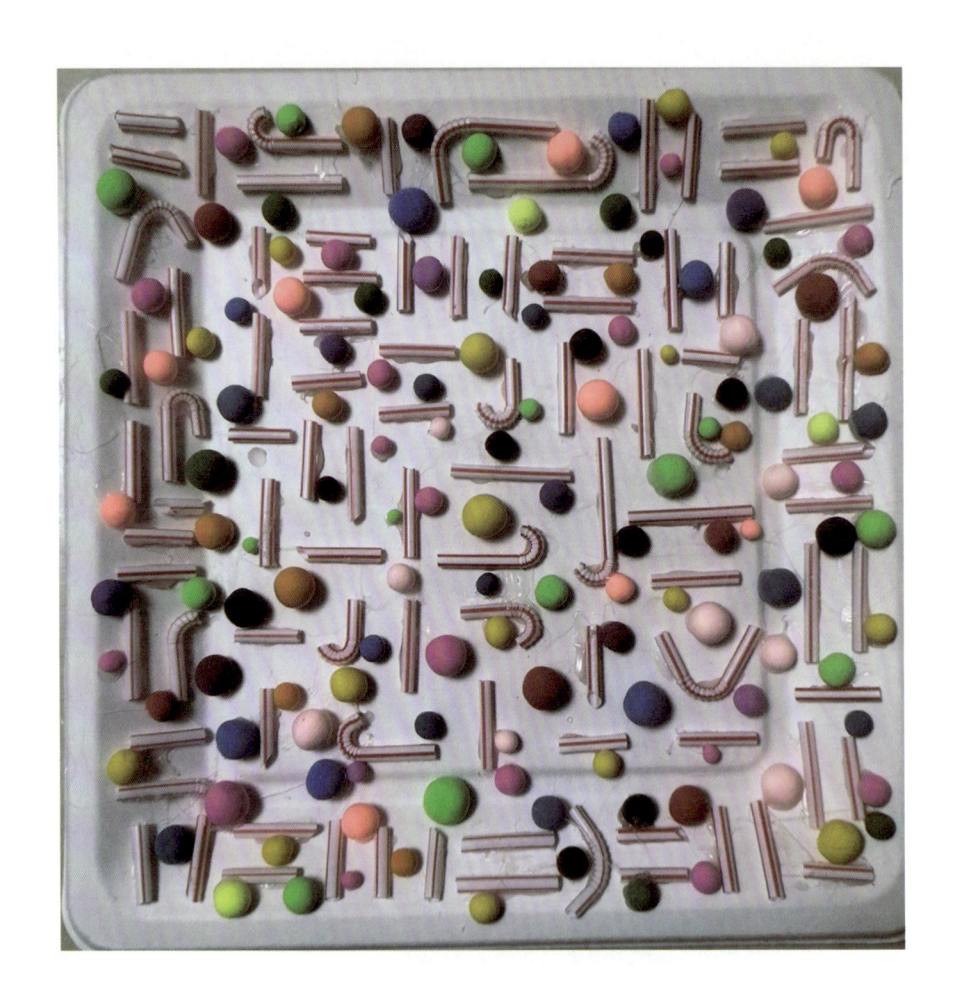

塑料吸管装饰画

孙京华　北京市延庆区西屯中心小学

辅导教师：杨艳丽

2022年作品

系列减塑创意设计

林鸣玥　北京市丰台区第八中学

辅导教师：李维芸、王桂杰、陶月营

2021年作品

绿色基因记忆

高习韬　北京市日坛中学（初中部）

辅导教师：林彦杰

2021年作品

"塑"后瞬间

梁语珊　北京市第五中学通州校区

辅导教师：郭玉冬、丁冬冬

2021年作品

纸袋设计

谢敏霏　北京市朝阳外国语学校（来广营初中部）

辅导教师：路秋云

2021年作品

仅剩的绿色

李瑞英　北京市延庆区第三中学

辅导教师：白雪松

2021年作品

公益宣传海报设计

杨博文　北京市朝阳外国语学校（来广营初中部）

辅导教师：路秋云

2021年作品

第二部分
减塑创意设计

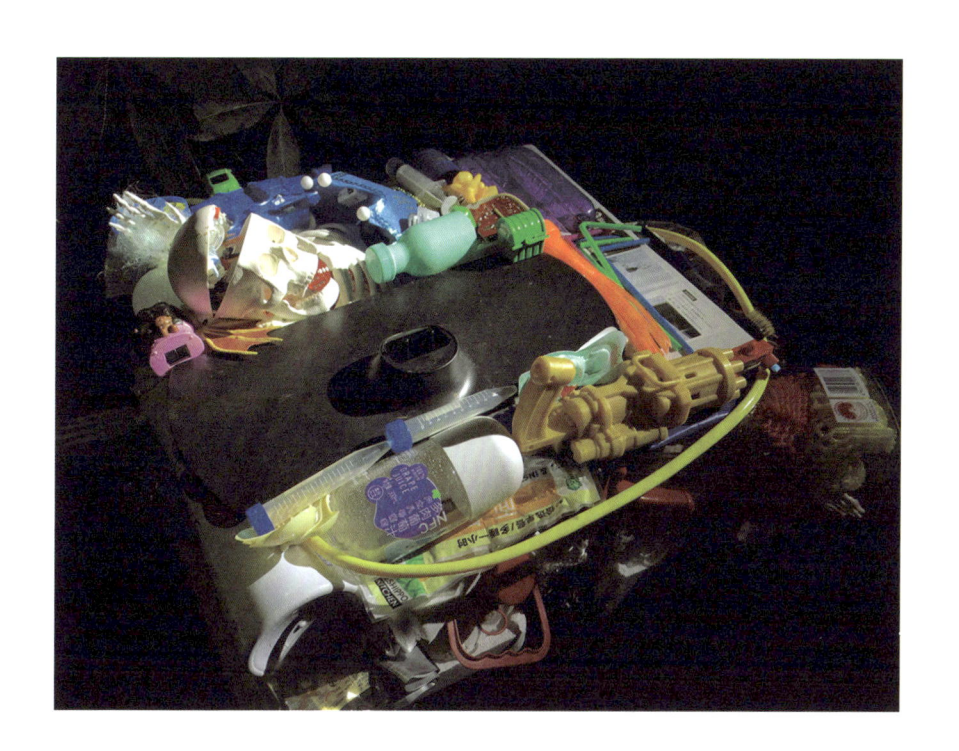

归塑

杨妤曈　北京市第五中学通州校区

辅导教师：王博

2022年作品

保护生态环境
——垃圾分类从自己做起

汪文钦　北京市日坛中学（初中部）

辅导教师：林彦杰

2022年作品

第二部分
减塑创意设计

SAVE 从**我**做起

拯救地球
多用帆布袋
少用塑料袋

GREEN FITER

留给地球一片绿色

拯救塑中之"囚"

冯佳一　人大附中北京经济技术开发区学校

辅导教师：颜海琴、屈贵贤、李莎

2022年作品

85

"塑"战速决，我们众前行

陈瑾轩　北京市第二中学经开区学校

辅导教师：曹炯炯、高宇、李东宇

2022年作品

第二部分
减塑创意设计

桃花源

李尚函、朱瑞泽、钟念怡　北京市日坛中学（初中部）

辅导教师：林彦杰

2022年作品

漫延

吴昊天、胡雅婷　北京市顺义牛栏山第一中学

辅导教师：林媛媛

2021年作品

第二部分
减塑创意设计

鲸落大海

崔艺瑄　北京市第二十中学

辅导教师：符家铭

2021年作品

89

在花丛中消逝的生命

彭潘、谭关心、李静雨　北京市第十三中学

辅导教师：顾嘉琪、马萍萍

2022年作品

拒绝白色污染

赵伊畅　人大附中北京经济技术开发区学校

辅导教师：张晶、王敏、贺伟伟

2022年作品

丹顶鹤

王佳一　北京市顺义牛栏山第一中学

辅导教师：林媛媛

2022年作品

第二部分
减塑创意设计

染

张悠然、邓添友、邓佳年　北京市第十三中学

辅导教师：顾嘉琪、马萍萍

2022年作品

第三部分

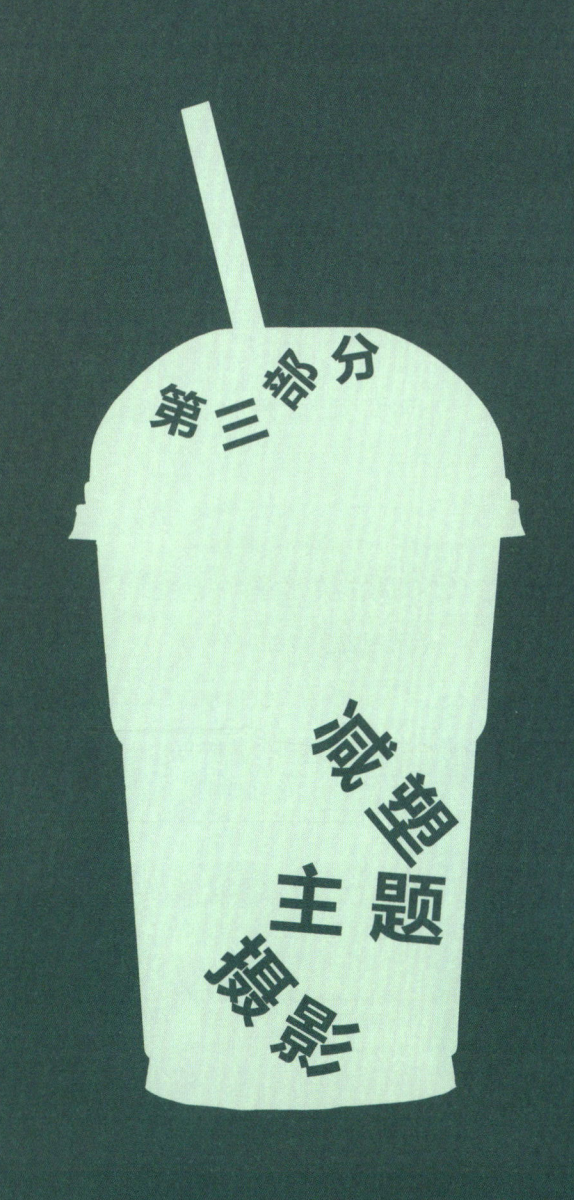

减塑主题摄影

作品要求

以"减塑北京 我是记录者"为主题，用摄影记录北京在2020年"限塑令"实行后，产生的变化、成果与仍存在的问题，并配合文字进行说明。参赛作品须紧密联系环境主题。与学生学习、生活经验相联系，符合学生认知特点。照片作品须图像清晰完整，照片应真实、客观，拒绝摆拍。参赛学生应参与实际工作，且独立完成主要任务。

征集情况

2021年活动征集小学低年级27幅、小学高年级82幅、初中76幅、高中27幅，合计212幅。2022年活动征集小学低年级66幅、小学高年级84幅、初中98幅、高中21幅，合计269幅。由于本书篇幅有限，共选取各年龄段的22幅作品。

绿色天坛

郑佳莹　北京邮电大学附属小学

辅导教师：由振伟、钟鸣

2021年作品

小学低年级组

妈妈的"小帮手"

黄崇钊　北京市昌平实验小学

辅导教师：臧丽丽

2021年作品

塑料袋中的地球

焦沫溪　北京市西城区师范学校附属小学

辅导教师：王欣

2022年作品

不塑之课
——2021~2022北京市中小学生环境教育系列活动

"减塑北京 我是记录者"

袁艺宵 北京市第二中学经开区学校

辅导教师：王喆、高宇

2022年作品

不和谐"音符"

宿祺悦　北京市陈经纶中学嘉铭分校
辅导教师：曾潇、王铭旗、李佳慧
2021年作品

这道题，你做对了吗

于道可　北京市丰台区纪家庙小学

辅导教师：李金多

2021年作品

重提布袋子　人人拒污染

于恩浩　北京市怀柔区第六小学

辅导教师：王淑娥

2021年作品

减塑，从我做起

许骞文　北京师范大学大兴附属小学

辅导教师：王清超、隗海芳

2021年作品

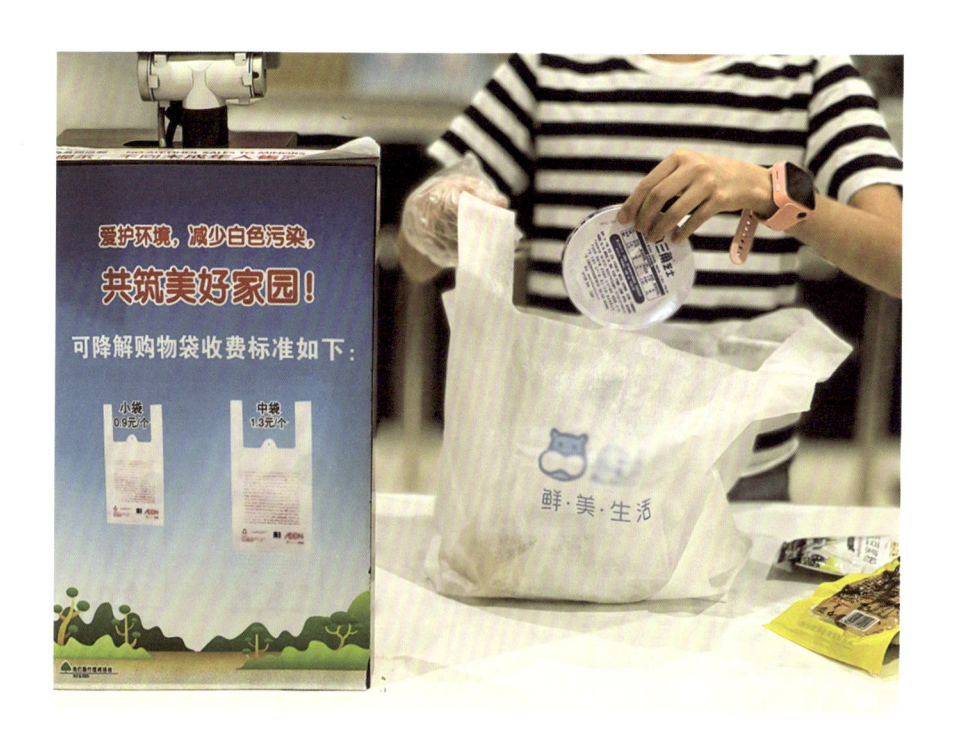

使用可降解购物袋的小顾客

芦瑞林　北京市朝阳区实验小学幸福校区

辅导教师：闫晓娜、孙滨

2022年作品

微距摄影
——玩转塑料

邹子炀　北京亦庄实验小学

辅导教师：张怡婷

2022年作品

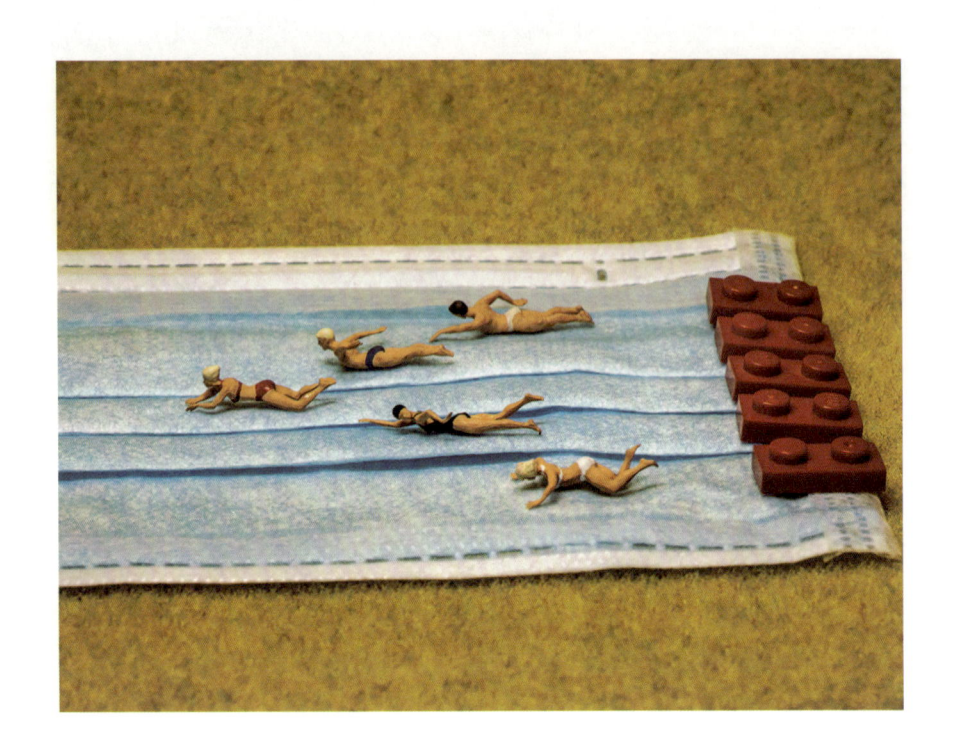

第三部分
减塑主题摄影

北京"减塑"人人有责

张世杰　北京市东城区革新里小学

辅导教师：明薇

2022年作品

塑"噬"家园

段知一　北京市昌平实验小学

辅导教师：张丽艳

2022年作品

被塑料袋包围的小猫

陆齐　人大附中北京经济技术开发区学校

辅导教师：颜海琴、李莎

2021年作品

不能吃的寿司

陈祎诺　北京市第一六一中学回龙观学校

辅导教师：刘宇思

2021年作品

海滩晨曦中的清洁工

石涵予　黄冈中学北京朝阳学校

辅导教师：王艳平

2021年作品

水污染

吴翰林　北京市丰台区第八中学

辅导教师：王东冉、王滋

2021年作品

爸爸，别用塑料袋了

马骜腾　北京市房山区良乡第二中学

辅导教师：赵连水、解春芸

2022年作品

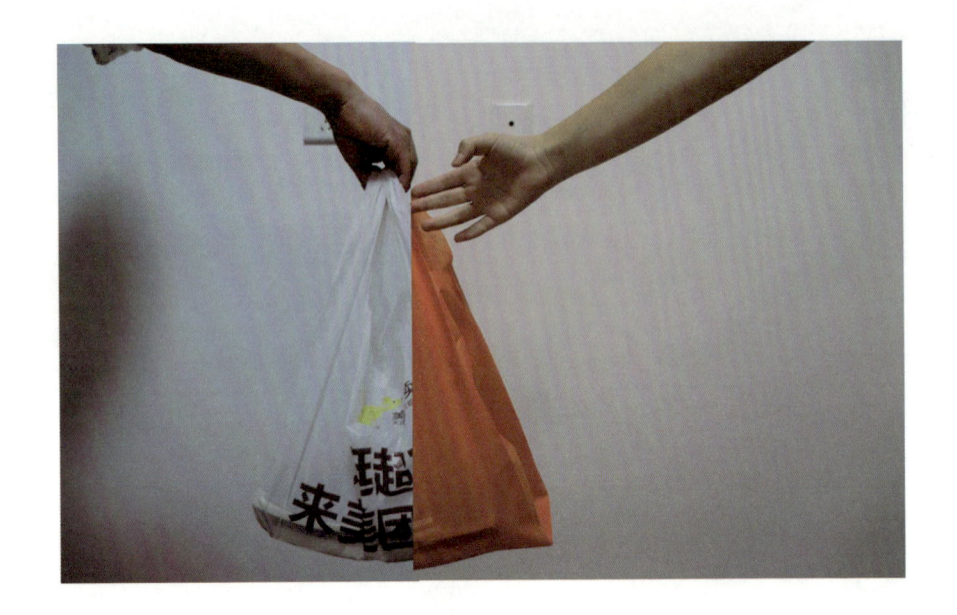

"帆"本"塑远"

张杨果尔　北京市第一六一中学回龙观学校

辅导教师：刘宇思

2022年作品

第三部分
减塑主题摄影

减塑最美瞬间

陈黎晖　北京市第八十中学温榆河分校

辅导教师：王春乐、王世江

2022年作品

为循环而生

王樱羲　北京市怀柔区第一中学

辅导教师：武剑

2021年作品

垃圾分类，保护家园

苏博　北京市密云区新农村中学

辅导教师：马雪松

2021年作品

自救

李鸽　北京市延庆区第四中学

辅导教师：刘小旭

2022年作品

第四部分

环境调查报告

作品要求

在生活及学习中发现环境问题，合理运用查阅资料、走访调查、问卷调查、实验探究等多种研究方法，形成环境调查报告。本活动旨在鼓励和强调学生从自己的兴趣出发，引导学生在生活及学习中发现身边的环境问题，并运用科学的方法进行研究，形成环境调查报告。

征集情况

2021年活动征集小学低年级9份、小学高年级58份、初中74份、高中23份，合计164份。2022年活动征集小学低年级14份、小学高年级64份、初中55份、高中25份，合计158份。由于本书篇幅有限，共选取各年龄段的10份作品。

关于果蔬酵素对绿豆芽品质影响的研究

罗天泽　北京第二实验小学

辅导教师：甄奕

摘要：

在力争实现"碳中和"的背景下，厨余垃圾是碳排放的重大杀手。同时，为提高绿豆芽的品质，我进行了把厨余垃圾中的水果皮和蔬菜皮发酵成环保酵素，用环保酵素培育绿豆芽的实验。

本研究通过实验了解不同浓度同一品种的酵素对绿豆芽生长的影响，同一浓度不同品种的酵素对绿豆芽生长的影响。实验包括酵素发酵、豆芽培育和豆芽测定三个步骤。

本研究分别用果酵素稀释200倍、400倍、600倍液，萌发绿豆，以温开水作为对照，对比分析各处理绿豆芽的生长速度和品质。结果表明，果蔬酵素对绿豆芽生长具有良好的促进作用，主要表现在豆芽的胚轴变长、变粗，胚根变短，发芽率提高到100%，不易变质，维生素C和蛋白质含量高于温水组，提高了品质。其中，果酵素200倍液处理，豆芽总体表现最佳。

固定200倍的稀释条件下用果酵素、蔬酵素和果蔬混合三种不同成分的酵素培育豆芽。豆芽的生长速度和品质也高于温水组，其中果蔬混合酵素表现最佳。建议推广到家庭自给自足，同时为降低碳排放做出贡献。

关键词：环保酵素；绿豆芽；品质

一、研究背景

（一）环保酵素介绍

本文中提到的环保酵素是指用厨余垃圾中废弃的蔬菜皮、梗，水果的皮等，经过发酵制作的酵素。

在我国"双碳"目标——2030年前实现"碳达峰"，2060年前实现"碳中和"的背景下，厨余垃圾约占中国城市生活垃圾的一半，是减少碳排放的重大"杀手"，厨余垃圾中的水果和蔬菜占比较高，它们的再利用和管理是解决厨余垃圾的重要环节，合理利用这些蔬菜和水果的厨余垃圾还能创造有价值的产品。环保酵素是厨余垃圾发酵产生的具有附加值的产品。环保酵素对萌发绿豆芽生长速度和品质等的影响尚无公开报道。

（二）实验的原理

种子在萌发过程中需要合适的温度、水分和氧气，完整的种子只有在适宜的温度、充足的空气和足够的水分条件下，才能从休眠中苏醒，开始生长。

因此，绿豆芽在生长过程中，在温度、空气等条件相同的情况下，不同成分的水分环境会对绿豆芽的生长有一定的影响作用。所以，我想尝试用环保酵素培育绿豆芽，以温水组作为对照，对比分析各处理对绿豆芽生长的影响。

本文中提到的果酵素、蔬酵素和果蔬酵素是不同成分的环保酵素。果酵素是用废弃的水果皮发酵而成的，蔬酵素是用废弃的蔬菜皮发酵而成的，果蔬酵素是果酵素和蔬酵素按照1∶1的比例混合而成的。

二、研究目的

1.探讨多少浓度的环保酵素适合绿豆的萌发。

2.探讨不同浓度同一品种的环保酵素稀释液萌发绿豆，对绿豆芽生长的影响。

3.探讨同一浓度不同品种的环保酵素稀释液萌发绿豆，对绿豆芽生长的影响。

三、实验材料与方法

（一）实验材料及器材

1.实验材料

"十月稻田"绿豆

实验用水（温开水）

白砂糖

废弃的果皮与蔬菜皮

2.实验器材

小熊牌自动豆芽机

酵素发酵桶

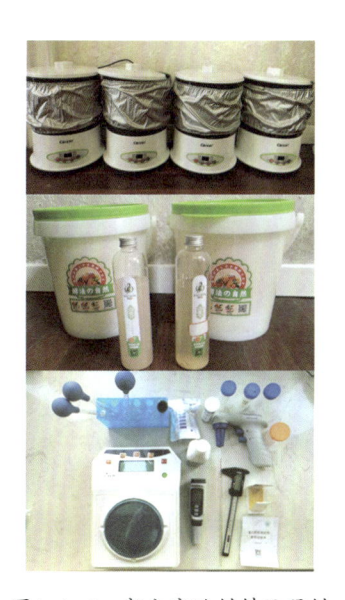

图4-1-1：部分实验材料及器材

1%电子天平

高锰酸钾溶液

维生素C检测试纸

蛋白质检测管

电子滴管、量杯、刻度吸管

游标卡尺、直尺

pH试纸、pH测试笔

（二）实验方法

1.酵素制作

把废弃的果皮、蔬菜皮，分别用两个发酵桶，按照温开水6升、果皮/蔬菜皮1250克、糖750克的比例，放入发酵桶，每24小时搅拌一次，发酵4天，制作果酵素和蔬酵素。分别取出果酵素液和蔬酵素液，装入小瓶，放入冰箱储存。

图4-1-2：制作酵素

2.绿豆芽培育

（1）配置豆芽培养液

① 配置不同浓度果酵素培养液

果酵素：温开水=1∶200，即2毫升果酵素和400毫升温开水，为果酵素200倍液。

果酵素：温开水=1∶400，即1毫升果酵素和400毫升温开水，为果酵素400倍液。

果酵素：温开水=1∶600，即1毫升果酵素和600毫升温开水，为果酵素600倍液。

② 配置不同成分酵素培养液

蔬酵素：温开水=1∶200，即2毫升蔬酵素和400毫升温开水，为蔬酵素200倍液。

果酵素：蔬酵素：温水=1∶1∶400，即1毫升果酵素、1毫升蔬酵素和400毫升温水，为果蔬酵素200倍液。

（2）豆芽培育

分别用200倍液、400倍液、600倍液的果酵素稀释液培育豆芽，重复3次，温开水作为对照组。

用果酵素、蔬酵素、果蔬混合酵素稀释200倍的培养液培育豆芽，重复3次，温开水作为对照组。

每个实验组均使用23克绿豆（同一批次绿豆相同重量，颗数基本相同，数量为350颗左右），温度大约在22℃，用豆芽机避光培育，每12小时换培养液一次，豆芽机自动淋水，平均每小时淋水一次，培育3天。

图4-1-3：绿豆芽培育

3.植物学性状测定

绿豆芽的芽用特性包括胚根长、胚轴长、胚轴粗等指标。根系少而短，胚轴既长又粗是判定绿豆芽品质的重要指标。同时，维生素C及蛋白质也是判定绿豆芽品质的重要指标。本文对绿豆芽品质的定义是绿豆芽的胚根长、胚轴长、胚轴粗及维生素C和蛋白质含量。

豆芽全长、胚轴长、胚根长及胚轴粗为每组中随机取30株豆芽的平均值。

发芽率的计算公式为：发芽率=发芽个数/绿豆总粒数×100%。

4.营养成分测定

豆芽的维生素C含量在家中通过维生素试纸和高锰酸钾溶液褪色法定性检测。收割后，取500克送外部检测机构，进一步定量检测。

豆芽的蛋白质含量通过蛋白质试管定性检测。同样，通过送外部检测机构定量检测蛋白质含量。

5.数据处理

采用Excel进行试验数据处理。

四、研究结果与分析

（一）初步试验果酵素浓度对绿豆发芽情况的影响

初次利用100%、50%和20%果酵素溶液进行绿豆萌发试验，结果发现绿豆不能萌发，用pH测试笔检测了几个浓度溶液的pH值，pH值基本上是在3~4之间，经过查阅资料发现绿豆是无法在这样的酸性条件下萌发的，最终决定大幅度提高酵素溶液的稀释比例。

图4-1-4：绿豆没有萌发

（二）不同浓度果酵素对绿豆发芽情况的影响

1.果酵素对绿豆发芽情况的影响

绿豆的发芽率及腐烂与否是衡量豆芽品质的重要指标，从表4-1-1可以看出，果酵素水培育绿豆芽发芽率高于温水处理。温水组中有两颗绿豆没有萌发，酵素组中没有不萌发的绿豆。从7天后绿豆芽的存放情况看，果酵素水培育的绿豆芽较之温水处理，保鲜程度更好。各酵素处理的豆芽形态整齐，色泽纯正，有清香气味。

表4-1-1：不同浓度果酵素对绿豆发芽情况的影响

	处理1 （200倍稀释）	处理2 （400倍稀释）	处理3 （600倍稀释）	处理4 （温开水CK）
发芽率%	100	100	100	99.43
存放情况 （7天后）	水分流失	水分流失	水分流失	水分流失 颜色变黑

图4-1-5：不同浓度果酵素7天后豆芽存放情况

2.果酵素对绿豆芽芽用特性的影响

绿豆芽的芽用特性，根系少而短，胚轴既长又粗是判定绿豆芽品质的重要指标。我从手工测量的1000多个数据中求平均值计算如表4-1-2所示。

从果酵素不同浓度实验结果看，胚根长：处理4（CK）＞处理2＞处理3＞处理1，胚轴长：处理1＞处理2＞处理4（CK）＞处理3，胚轴粗：处理2＞处理1＞处理3＞处理4（CK），总体来说，果酵素组表现优于温水组，其中处理1表现最佳。

表4-1-2：不同浓度果酵素对绿豆芽芽用特性的影响

	处理1 （200倍稀释）	处理2 （400倍稀释）	处理3 （600倍稀释）	处理4 （温开水CK）
胚根长 （单位：cm）	6.59	6.78	6.61	7.60
胚轴长 （单位：cm）	9.00	8.87	8.13	8.30
胚轴粗 （单位：mm）	1.98	1.99	1.68	1.66

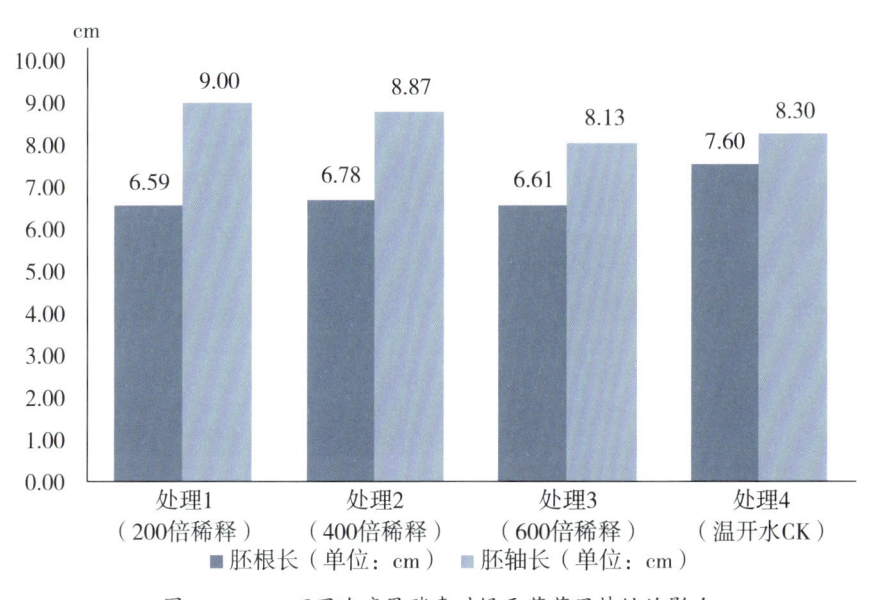

图4-1-6.1：不同浓度果酵素对绿豆芽芽用特性的影响

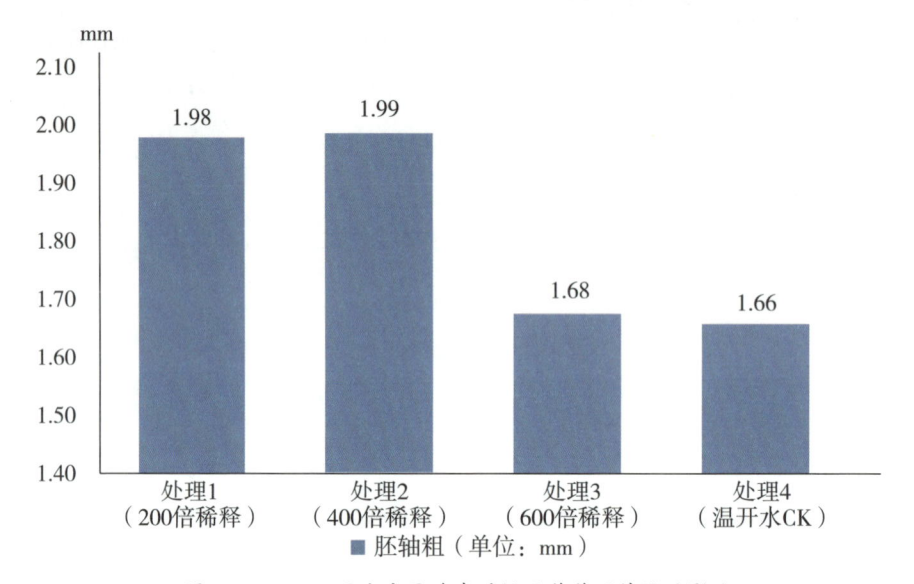

图4-1-6.2：不同浓度果酵素对绿豆芽芽用特性的影响

图4-1-7：测量绿豆芽

图4-1-8：不同浓度果酵素绿豆芽性状图

3.不同浓度果酵素对绿豆芽营养成分的影响

（1）在家初步检测维生素C和蛋白质的含量

见表4-1-3，在不同浓度果酵素试验中，用高锰酸钾溶液测量维生素C含量，1毫升的高锰酸钾溶液，处理1、处理2和处理3均可以用3滴使高锰酸钾溶液褪色，处理4（CK）需要用4滴使高锰酸钾溶液褪色。用维生素C检测试纸，处理1、处理2和处理3显示的颜色均深于处理4（CK）的颜色。表明果酵素液培育的绿豆芽维生素C含量高于温水培育的绿豆芽。处理1、处理2和处理3培育的绿豆芽蛋白质检测结果颜色略深于温水组（CK）。

表4-1-3：不同浓度果酵素对绿豆芽品质的影响

	处理1 （200倍稀释）	处理2 （400倍稀释）	处理3 （600倍稀释）	处理4 （温开水CK）
蛋白质 检测管	浅蓝色	浅蓝色	浅蓝色	浅蓝色
维生素C 检测试纸	黄色	黄色	黄色	绿色
高锰酸钾溶液	3滴	3滴	3滴	4滴

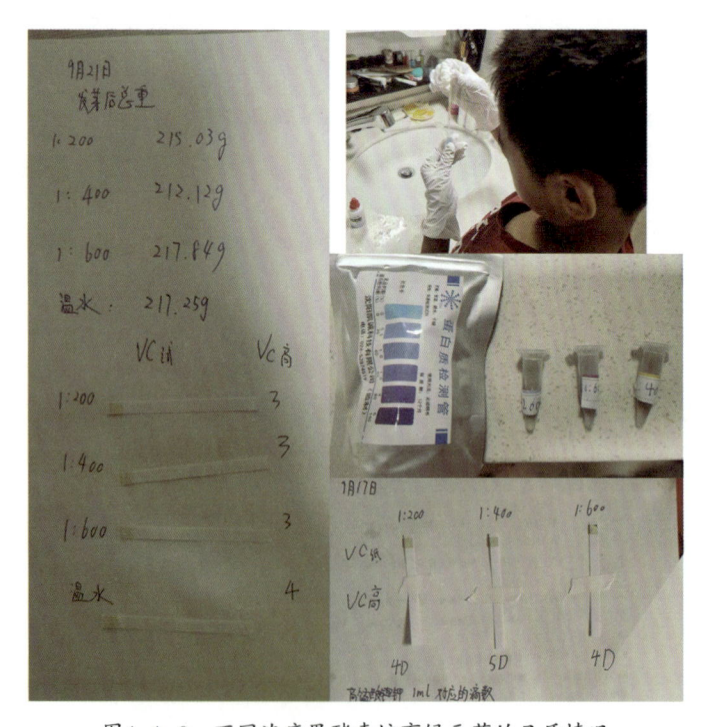

图4-1-9：不同浓度果酵素培育绿豆芽的品质情况

（2）外部机构检测的定量数据分析

果酵素对绿豆芽品质的影响结果见表4-1-4，从不同浓度的果酵素试验看，维生素C含量，处理1＞处理2＞处理4（CK）＞处理3，处理1

高于处理4（CK）39.16%，处理2高于处理4（CK）11.59%。蛋白质含量，处理1＞处理4（CK）＞处理2＞处理3，其中处理1高于处理4（CK）15.95%。

表4-1-4：不同浓度果酵素对绿豆芽品质指标的影响

	处理1 （200倍稀释）	处理2 （400倍稀释）	处理3 （600倍稀释）	处理4 （温开水CK）
蛋白质 （g/100g）	3.49	3.00	2.98	3.01
维生素C （mg/100g）	7.32	5.87	4.17	5.26

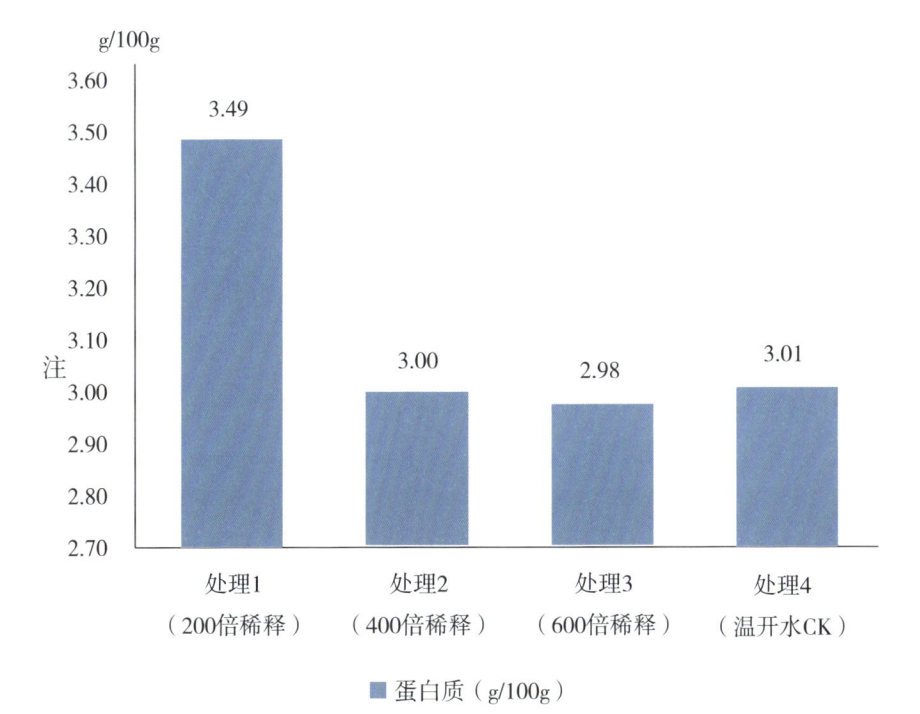

注：数据来自外部检测机构。

图4-1-10.1：不同浓度果酵素对绿豆芽品质指标的影响

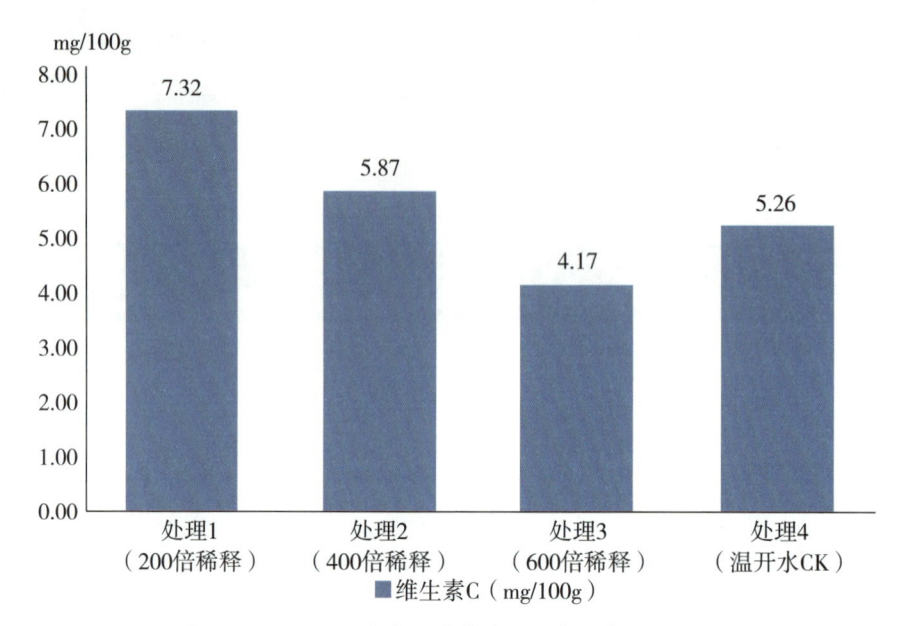

```
                    mg/100g
              8.00    7.32
              7.00
              6.00          5.87
              5.00                        5.26
                                   4.17
              4.00
              3.00
              2.00
              1.00
              0.00
                    处理1    处理2    处理3    处理4
                  （200倍  （400倍  （600倍  （温开水CK）
                   稀释）   稀释）   稀释）
                        ■维生素C（mg/100g）
```

图4-1-10.2：不同浓度果酵素对绿豆芽品质指标的影响

（三）不同成分酵素对绿豆芽生长情况的影响

1.不同成分酵素对绿豆发芽情况的影响

基于上述实验结果，我们均以200倍稀释果酵素、蔬酵素、果蔬混合酵素三种不同成分的酵素，结果酵素组培育的绿豆芽发芽率均为100%，存放情况也明显优于温水处理的绿豆芽。

表4-1-5：200倍稀释不同成分酵素对绿豆发芽情况的影响

	处理5（果酵素）	处理6（蔬酵素）	处理7（果蔬酵素）	处理8（温开水CK）
发芽率%	100	100	100	99.43
存放情况（7天后）	水分流失	水分流失	水分流失	水分流失 颜色变黑

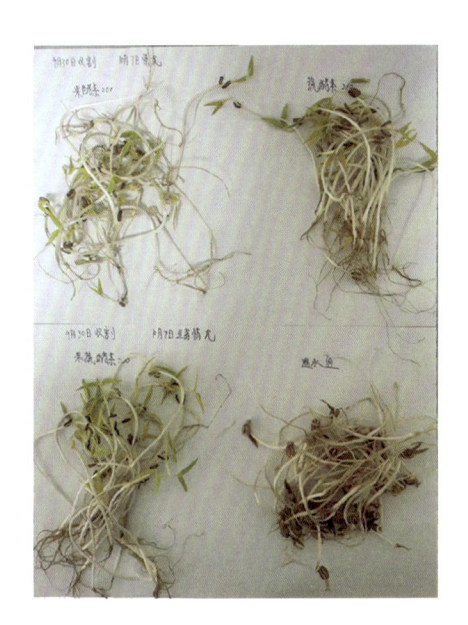

图4-1-11：不同成分酵素培养的绿豆芽7天后情况

2.不同成分酵素对绿豆芽芽用特性的影响

同一浓度不同成分酵素实验结果见表4-1-6，胚根长：处理6＞处理8（CK）＞处理7＞处理5，胚轴长：处理7＞处理6＞处理5＞处理8（CK），胚轴粗：处理5＞处理7＞处理6＞处理8（CK），总体来说，果蔬酵素组表现优于温水组，其中处理7（果蔬酵素200倍稀释液）表现最佳。

表4-1-6：200倍稀释不同成分酵素对绿豆芽芽用特征的影响

	处理5（果酵素）	处理6（蔬酵素）	处理7（果蔬酵素）	处理8（温开水CK）
胚根长（单位：cm）	6.59	7.66	7.52	7.60
胚轴长（单位：cm）	9.00	9.01	10.48	8.30
胚轴粗（单位：mm）	1.98	1.75	1.86	1.66

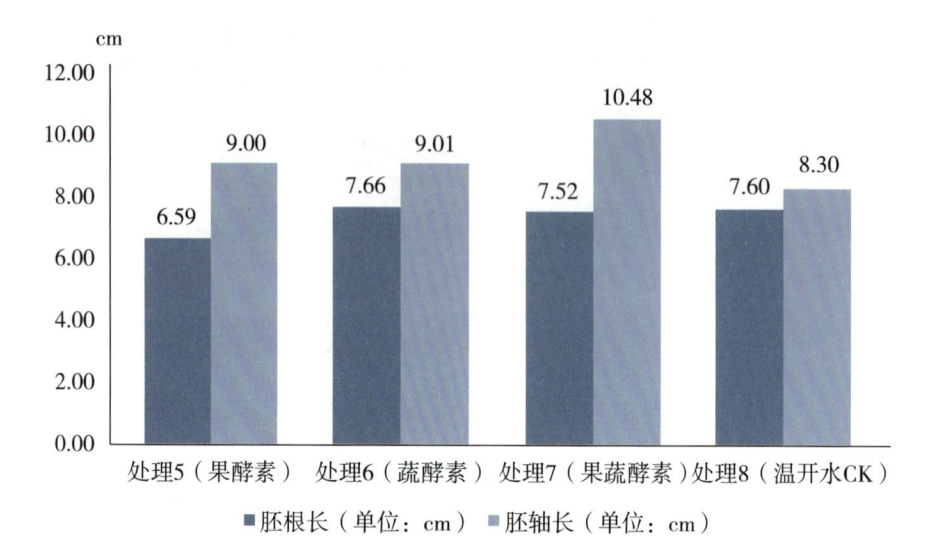

图4-1-12.1：不同成分酵素对绿豆芽芽用特征的影响

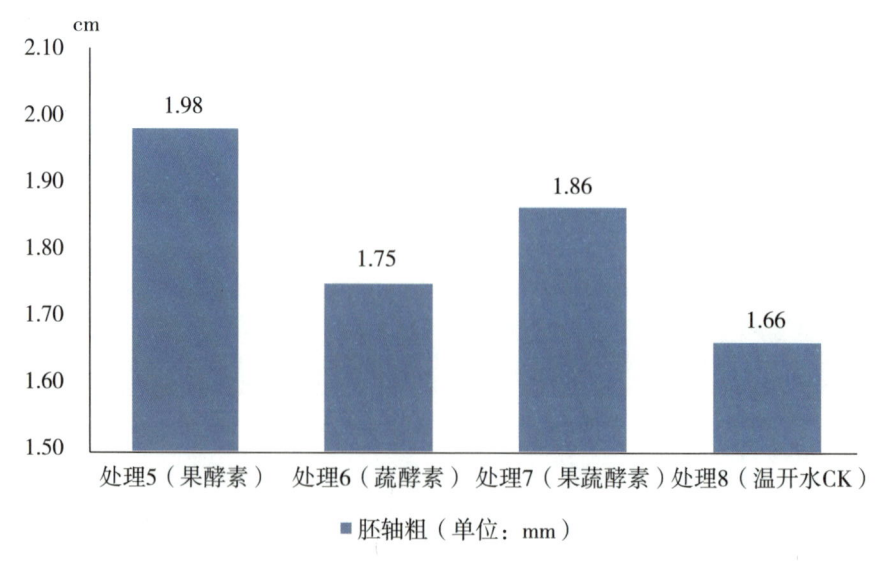

图4-1-12.2：不同成分酵素对绿豆芽芽用特征的影响

图4-1-13：不同成分酵素培育绿豆芽性状图

3.不同成分酵素对绿豆芽品质的影响

（1）在家初步检测维生素C和蛋白质含量

如表4-1-7所示，用高锰酸钾溶液测量维生素C含量，酵素液培育的绿豆芽维生素C含量高于温水组培育的绿豆芽。酵素组培育的绿豆芽蛋白质检测结果颜色略深于温水组，说明酵素组蛋白质含量略高于温水组。

表4-1-7：不同成分酵素对绿豆芽品质的影响

	处理5（果酵素）	处理6（蔬酵素）	处理7（果蔬酵素）	处理8（温开水CK）
蛋白质检测管	浅蓝色	浅蓝色	浅蓝色	浅蓝色
维生素C检测试纸	黄色	黄色	黄色	绿色
高锰酸钾溶液	3滴	3滴	3滴	4滴

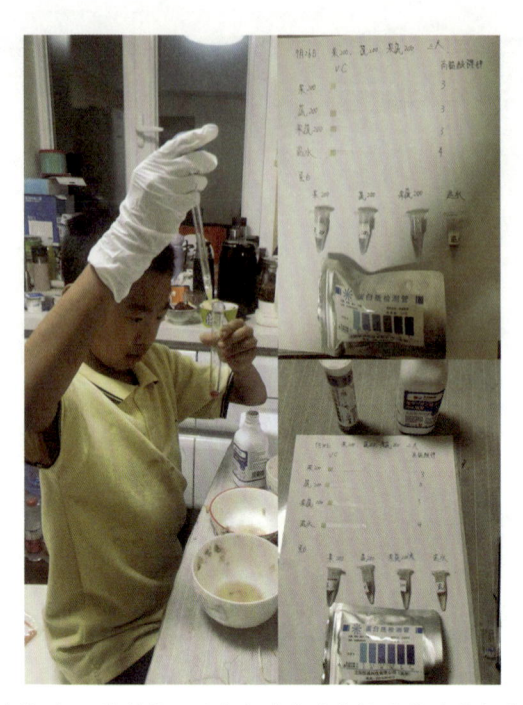

图4-1-14：初步检测200倍稀释不同成分酵素培育绿豆芽的蛋白质和维生素C含量

（2）外部机构检测的定量数据分析

见表4-1-8，维生素C含量，处理7＞处理5＞处理6＞处理8（CK），以处理7表现最佳，高于处理8（CK）40.49%。蛋白质含量，处理5、处理6和处理7相差不大，但高于处理8（CK）15.95%。

表4-1-8：不同成分酵素对绿豆芽品质指标的影响

	处理5（果酵素）	处理6（蔬酵素）	处理7（果蔬酵素）	处理8（温开水CK）
蛋白质（g/100g）	3.49	3.47	3.48	3.01
维生素C（mg/100g）	7.32	6.34	7.39	5.26

注：数据来自外部检测机构。

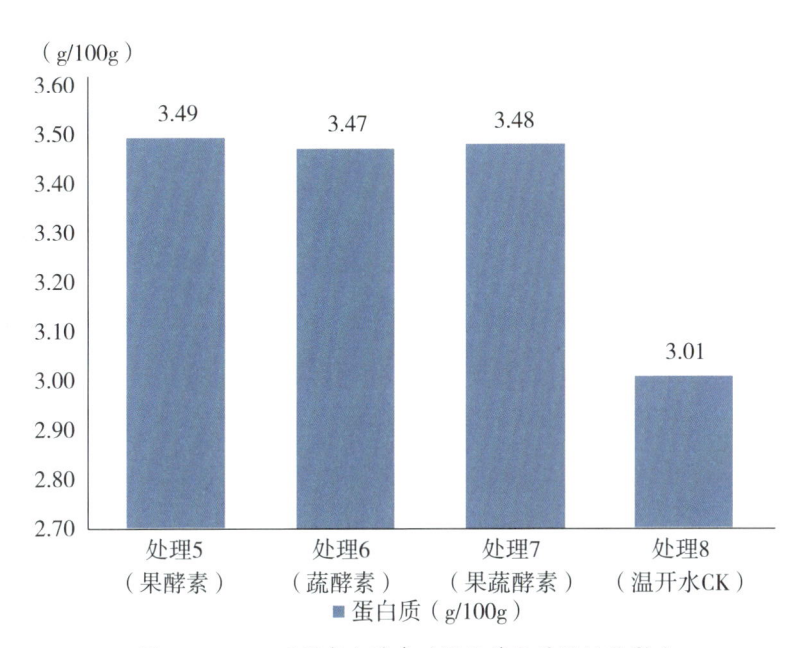

图4-1-15.1：不同成分酵素对绿豆芽品质指标的影响

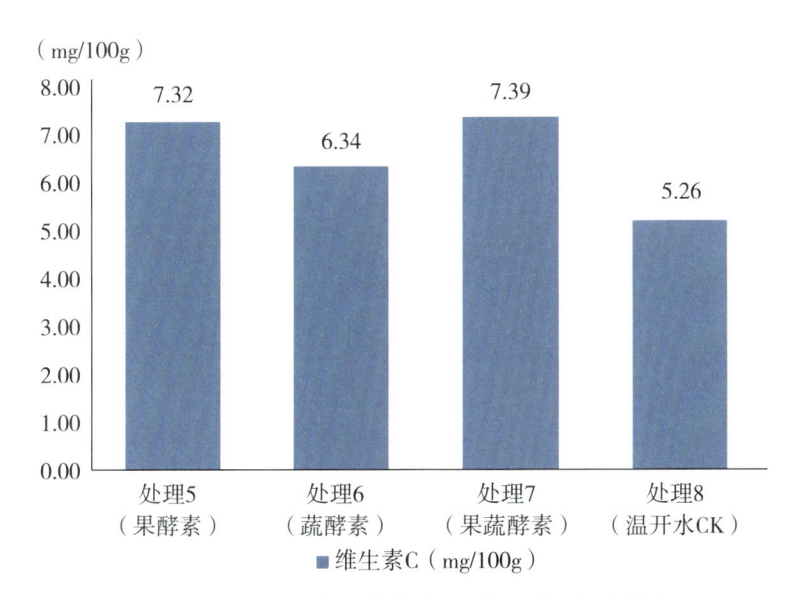

图4-1-15.2：不同成分酵素对绿豆芽品质指标的影响

五、结论

（一）环保酵素对绿豆芽的生长有明显的促进效果

经本研究证明，果酵素、蔬酵素及果蔬酵素处理对绿豆芽生长具有良好的促进作用，表现在绿豆芽的发芽率提高、保鲜时间更长、胚轴更加长而粗、维生素C和蛋白质含量增加。

（二）环保酵素的浓度适宜才能对绿豆芽生长有促进作用

环保酵素对绿豆芽生长有很大促进作用，但并不是环保酵素水的浓度越高或者越低越好。经试验证明，过高浓度的环保酵素不能使绿豆萌发。在一定浓度下才会发挥较好的作用。本试验证实果酵素稀释200倍液，果蔬酵素稀释200倍液处理萌发的绿豆芽表现最佳。

（三）果蔬混合酵素对绿豆芽生长效果更佳

本研究在同样200倍液稀释的情况下，分别对单一果酵素、单一蔬酵素及果蔬混合酵素进行了对比研究，在同样的稀释比例下，混合的果蔬酵素较之单一果酵素或者单一蔬酵素效果更佳，缘于其营养丰富且均衡，更有益于绿豆芽萌发时的吸收。

六、创新及展望

本研究的创新性在于，首次研究了环保酵素对培育绿豆芽的影响，总的来说稀释的环保酵素对豆芽的生长、防腐和品质有正向的影响作用，这样既变废为宝，解决了厨余垃圾中果皮和蔬菜皮再利用的问题，又能提高绿豆芽的品质，有一定的应用意义。同时，环保酵素培育时间长短不同，绿豆芽的品质是否有所不同等问题，还有待于进一步研究。

小区里的天外来客
——针对美国白蛾已知天敌的生物防治效果初探

许美钧　北京市东城区史家胡同小学

辅导教师：王红

摘要：

　　自今年6月份以来，我在小区花园里的几棵树上发现大量美国白蛾幼虫，它是一种国际检疫性害虫，适应性强，繁殖量大，严重影响树木、农作物生长，是2003年中国公布的首批16种《外来入侵物种名单》中的著名外来入侵物种。由于树木位于城市小区内部，喷洒农药容易对人体产生副作用，另外，农药也难以喷洒到树木顶部。为了寻找能够保证环境安全的"绿色"防治方法，通过查找文献，得知针对美国白蛾的生物防治，已经发现的有猎蝽、蜘蛛、步甲、草蛉、瓢虫、螳螂、两栖类等，最有效的是寄生性天敌周氏啮小蜂。但从文献数量来看，对于美国白蛾捕食性天敌和生物防治效果的研究并不是太多。身为史家胡同小学四年级的学生，我决心对美国白蛾已知捕食性天敌的生物防治效果进行实验比较和初探。经过野外采集和多次实验后，我发现步甲特别是大星步甲，是防治美国白蛾比较有效的一个天敌，其次是螳螂，而猎蝽、蜘蛛、草蛉、瓢虫和两栖类防治效果不佳。

关键词：美国白蛾；生物防治；天敌；北京

一、研究背景

今年6月起，我发现小区花园里的几棵桑树和悬铃木上出现了大量毛毛虫（见图4-2-1），很多叶片被吃掉，甚至有几棵原本枝繁叶茂的树木，变得枝叶凋零，树木几乎濒临死亡（见图4-2-2）。

图4-2-1：小区桑树上的毛毛虫

图4-2-2：小区花园里被毛毛虫啃食的桑树和悬铃木

毛毛虫除了危害小区中的树木，对居民生活的影响也非常大。它们会爬到周围居民楼的墙壁上，地上布满了密密麻麻的粪便，走在路上会踩到它们，走在树下甚至会经历"毛毛虫雨"，特别吓人（见图4-2-3）。

图4-2-3：小区居民楼墙壁上的毛毛虫和地上密密麻麻的毛毛虫粪便

经过多方查证得知，这些在小区树上啃食树叶的毛毛虫，原来是一种入侵性害虫：美国白蛾。它们对环境的适应性非常强，20世纪70年代，在我国首次发现。美国白蛾的幼虫时期是毛毛虫，成虫时期是白色的蛾子（见图4-2-4）。它们的危害非常大，被称为"无烟的火灾"。之所以今年小区里出现了如此之多的美国白蛾，是因为今年北京地区高温高湿，有利于美国白蛾的生长。

图4-2-4：美国白蛾成虫

通过询问小区里的爷爷奶奶，我得知面对这种毛毛虫我们最常采用的方法就是喷洒农药（见图4-2-5），但喷洒农药有很多限制，比如，小区内人流量大，喷洒农药容易对人体产生副作用；农药难以喷洒到树木顶部，以致即使喷洒农药后，仍旧有不少美国白蛾存活。

> 近期雨水频繁毛毛虫激增，南门仓社区将于2021年9月30日下午两点对小区高大树木和楼房外墙进行消杀病虫工作，在此，提示您：
> 喷洒药物的同时会产生异味，提前关好门窗，防止异味，药物，虫子进去家中，请将晾晒的衣物收回并请居民们照看好自己的小孩及宠物，不要进去打药区域！
> 请业主相互转告，不便之处，敬请谅解！

图4-2-5：小区业主群中的病虫消杀通知

针对美国白蛾的生物防治，目前最常用的就是人工释放美国白蛾的天敌：周氏啮小蜂。它是一种寄生蜂，对人类无害，它会把卵产入美国白蛾蛹内，吸食蛹中的全部营养来发育，从而消灭美国白蛾。我在史家小学附近的树上经常可以看到标注有"天敌昆虫"的"虫茧"（见图4-2-6），通过这次调查研究，我才知道原来这就是周氏啮小蜂。

图4-2-6：史家小学附近的周氏啮小蜂

从文献资料来看，除了寄生性的周氏啮小蜂，对于美国白蛾其他捕食性天敌和生物防控效果的研究并不是太多。那么，是否还有其他既可以消灭害虫，又能够保证环境安全的"绿色"防治方法呢？身为史家小学四年级的学生，我决心对美国白蛾其他已知天敌的生物防治效果进行实验比较和初探。

二、研究内容

（一）查询文献资料，找出已知的美国白蛾捕食性天敌。

（二）在小区内采集美国白蛾幼虫。

（三）在北京周边山区野外采集潜在的天敌。

（四）进行实验比较，找出北京地区美国白蛾最有效的捕食性天敌。

三、研究方法

（一）查找文献法

为了找出美国白蛾幼虫的已知捕食性天敌，我在中国知网上通过输入关键词搜索并查看了相关文献资料。

（二）实验法

首先利用观察法、翻遮蔽物法、扫网法、振落法、灯诱法等方法进行美国白蛾和天敌的野外采集，然后通过设定统一的实验条件并进行实验比较，找出北京地区美国白蛾最有效的捕食性天敌。

（三）数据分析法

1.统计野外采集的天敌，分类整理。

2.记录代表性天敌捕食性实验结果，并进行定量分析。

四、研究过程

（一）查询文献资料，找出已知的美国白蛾捕食性天敌

通过查阅相关文献资料，我得知美国白蛾的捕食性天敌已经发现的

有：猎蝽、蜘蛛、步甲、草蛉、瓢虫、螳螂、两栖类。

（二）在小区内采集美国白蛾幼虫

2021年6月至10月初，我和家人一起陆续在小区中采集末龄美国白蛾幼虫（见图4-2-7）。

图4-2-7：小区内采集到的美国白蛾幼虫

（三）在北京周边山区野外采集潜在的天敌

2021年6月至10月初，我和家人、"虫友"一起陆续在北京周边平谷区、海淀区、通州区、密云区、怀柔区、房山区和昌平区等野外采集前文步骤（一）中收集汇总的已知生物天敌，共计7次。

生物天敌野外采集结果汇总如下：

表4-2-1：北京周边山区野外采集生物天敌汇总

单位：只

	猎蝽	蜘蛛	步甲	草蛉	瓢虫	螳螂	两栖类
平谷区—京东大峡谷	1	2	3	-	2	1	-
海淀区—西山	3	1	8	1	-	-	-
通州区—东郊湿地公园	-	1	-	-	2	-	1
密云区—干峪沟村	2	-	2	2	1	-	3
怀柔区—喇嘛沟	-	2	3	-	-	-	4
房山区—百瑞谷	-	1	-	6	2	-	-
昌平区—红栌银山	3	4	3	-	-	6	2
总计	9	11	19	9	7	7	10

（四）进行实验比较，找出北京地区美国白蛾最有效的捕食性生物天敌

1.实验条件确定

在每种生物天敌的单次实验中，统一确定实验条件如下：

- 实验环境：相同尺寸的塑料采集盒（150mm×100mm×65mm）
- 实验温度：24℃~28℃
- 天敌数量：1只
- 白蛾幼虫数量：10只（末龄，体长约3cm，体宽约5mm）
- 观察时间：2天

2.实验实施与记录

根据实验条件,选择野外采集的9种代表性生物天敌,与美国白蛾幼虫共同放置在同一容器中,反复多次进行捕食性实验(见图4-2-8),并记录实验结果。

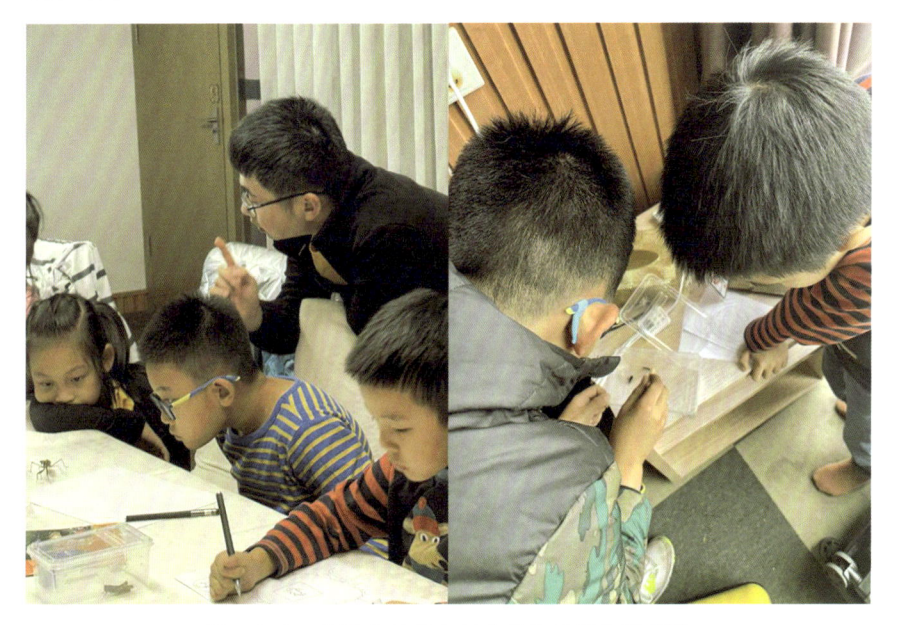

图4-2-8:美国白蛾幼虫与生物天敌捕食性实验

(1)淡带荆猎蝽

淡带荆猎蝽属于昆虫纲半翅目猎蝽科。体长约15mm,体黑色,具淡黄色花斑。淡带荆猎蝽是不折不扣的蚂蚁杀手。为了能让强悍的蚂蚁成为自己的盘中餐,淡带荆猎蝽练就了伪装绝活——"蚁尸装"。在体纹的绝妙装扮下,淡带荆猎蝽不仅能猎杀蚂蚁,而且能成功逃过鸟、蜥蜴和蜘蛛等天敌的猎捕。

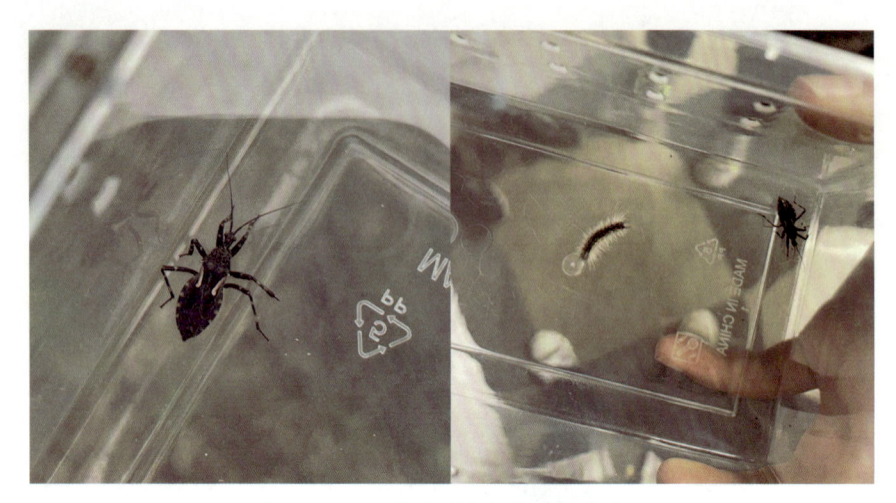

图4-2-9：淡带荆猎蝽与美国白蛾幼虫

（2）络新妇

络新妇属于蛛形纲蜘蛛目园蛛科。体色美丽，头胸部银白色，腹部背面有鹅黄色和银白色相间的斑纹，腹面有两条鹅黄色花纹。蛛网中心有四条粗而弯曲的银白色支持带。多在山林或灌木丛中结复杂的三重网，捕食昆虫。

图4-2-10：络新妇与美国白蛾幼虫

（3）暗步甲

暗步甲属于昆虫纲鞘翅目步甲科。体长9.5～12.5mm，体宽4.0～5.0mm。背面褐色，唇基、口器、足和体腹面黄色。成虫不擅长飞翔，多在地表活动，行动敏捷，或在土中挖掘隧道，喜潮湿土壤或靠近水源的地方。白天一般隐藏于木下、落叶层、树皮下、苔藓下或洞穴中；有趋光性和假死现象。为捕食性昆虫，在自然界生物平衡及消灭害虫方面起着一定作用。

图4-2-11：暗步甲与美国白蛾幼虫

（4）大星步甲

大星步甲属于昆虫纲鞘翅目步甲科。体形较大，成虫体长22～33mm，宽11～14.5mm。全身背腹面都为黑色，背面带有古铜色的金属光泽，触角的长度达到体长的一半。成虫白天或隐藏在石缝、杂草、落叶中休息，或爬到树上捕食，晚上是它们的主要活动时间。大星步甲的成虫、幼虫都捕食鳞翅目昆虫的幼虫。

图4-2-12：大星步甲与美国白蛾幼虫

（5）草蛉

草蛉属于昆虫纲脉翅目草蛉科。成虫体形中等、细长、柔弱，一般虫体和翅脉多为绿色，咀嚼式口器。触角细长，呈线状。复眼发达，有金属光泽。草蛉能有效地消灭很多种类的农业害虫，是一类重要的捕食性天敌昆虫。

图4-2-13：草蛉

（6）异色瓢虫

异色瓢虫属于昆虫纲鞘翅目瓢虫科。体长5.4~8mm，体宽3.8~5.2mm。虫体卵圆形，呈半球形拱起，背面光滑无毛。鞘翅的色泽及斑纹变异有多个类型。头部、前胸背板及鞘翅上具均匀而浅的小刻点，在鞘翅边缘部分刻点较稀疏而深。异色瓢虫具有较宽的捕食范围，可捕食蚜虫、螨和蚧壳虫等同翅目昆虫以及鞘翅目、膜翅目、双翅目和鳞翅目昆虫，主要以捕食蚜虫为主。异色瓢虫是重要的捕食性天敌昆虫，是各种作物、蔬菜及牧草田蚜虫等害虫的重要捕食性天敌。

图4-2-14：异色瓢虫

（7）中华大刀螳

中华大刀螳属于昆虫纲螳螂目螳螂科。中华大刀螳体长约7~9cm，是生活在我国的螳螂类里最大的一种。身体呈绿色，也有呈褐色的。头部为三角形，复眼如铜铃般突起，触角较短。前胸长而且较大，前足随着前胸而不断掉转方向。腹部要比胸部长，前后翅形状不统一。一旦遇到敌人，中华大刀螳就会将头部侧转过去，接着将前足并列竖起，展开翅膀，采取攻势。中华大刀螳主要捕食蝗虫、蚤斯、蛾类、蝴蝶、苍蝇等害虫，偶尔也会捕食蜥蜴或青蛙。

图4-2-15：中华大刀螳与美国白蛾幼虫

（8）棕静螳

棕静螳属于昆虫纲螳螂目螳螂科。体形中等，大约长4.5~6cm，但较为细瘦，性格与其他螳螂相比稍显胆小。棕静螳属肉食性，生性安静，可长期守候猎物，主要栖息于近地面的草丛中，伺机捕食小型昆虫，如蚱蜢、蟋蟀、蝇类等，是中国农林果树以及观赏植物的害虫的重要天敌。

图4-2-16：棕静螳

（9）林蛙

林蛙属于两栖纲无尾目蛙科。林蛙头部扁平，四肢较细长，体长70~80mm；鼓膜圆，鼓膜部有三角形黑褐色斑；体背多为土黄色，一般在疣上散有深色的斑点；背褶在鼓膜上方斜向外侧弯曲。林蛙以陆栖为主，常在没有强烈光照、湿润凉爽的环境中生活，主要栖息于山林、沼泽、水塘、水坑和水沟等静水水域及其附近，以林间草地为多。林蛙行动敏捷，跳跃力强，主要以多种昆虫为食，如苍蝇、蚊子等。

图4-2-17：林蛙与美国白蛾幼虫

3.实验结果分析

9种代表性生物天敌捕食性实验结果汇总如下。

表4-2-2：9种代表性天敌捕食性实验结果汇总

	实验次数	剩余白蛾幼虫数量（平均值）	生活习性	发生期
淡带荆猎蝽	3	10.0	地表+树上	7~8月
络新妇	2	9.3	树上	7~9月

续表

	实验次数	剩余白蛾幼虫数量（平均值）	生活习性	发生期
暗步甲	3	7.2	地表	7~9月
大星步甲	6	0.0	地表+树上	7~9月
草蛉	2	10.0	树上	6~9月
异色瓢虫	2	10.0	树上	6~9月
中华大刀螳	4	5.1	树上	5~9月
棕静螳	3	8.2	树上	5~9月
林蛙	2	10.0	地表	7~8月

在表4-2-2中，除了列出多次实验中剩余白蛾幼虫数量的平均值，为了提高分析结果的准确性，还额外增加了每种天敌的生活习性和发生期，以便和美国白蛾幼虫的生活习性和发生期结合进行综合比较和分析。

根据相关文献的记录，美国白蛾一年3代，越冬蛹一般经过150天，自3月下旬开始见成虫，4月中旬至5月初大量出现越冬成虫；经7天的一代卵期，5月初至6月中旬为一代幼虫发生期；6月中旬至7月中旬幼虫老熟并化为蛹；6月下旬至7月下旬为一代成虫发生期；二代卵期3天，马上进入二代幼虫期（7月中旬至8月中下旬）；7月下旬至8月下旬为二代蛹期；二代成虫发生在8月中旬至9月中旬；三代卵期仍为3天，迅速进入三代幼虫（9月上旬至10月下旬）；9月下旬开始化蛹越冬，直到3月下旬。

基于以上的实验结果，从剩余白蛾幼虫数量来看，大星步甲的捕食效果最好，再进一步结合生活习性和发生期考虑，大星步甲可以同时在地表和树上活动，能够完全覆盖美国白蛾的活动范围，并且大星步甲的发生期是7~9月，与美国白蛾二代幼虫特别是三代的疯狂危害期基本一致；其次，中华大刀螳、暗步甲和棕静螳有一定的捕食效果，但是结合生活习性考虑，这三种天敌都无法完全覆盖美国白蛾幼虫的活动范围；最后，络新妇、淡带荆猎蝽、草蛉、异色瓢虫和林蛙的捕食效果不佳，其中草蛉和异色瓢虫不捕食美国白蛾幼虫，原因可能是本次实验中采用的末龄幼虫体形较大，不适合草蛉和异色瓢虫食用。

五、研究结论

经过野外采集和多次实验后，我发现步甲特别是大星步甲，是防治美国白蛾比较有效的一个天敌，其次是螳螂，而猎蝽、蜘蛛、草蛉、瓢虫和两栖类防治效果不佳。

六、项目总结

（一）我的感受

开始设计这个项目的时候，我只是好奇，为什么有这么多毛毛虫，能够把这么大的树都吃死了，实在太可怕了。通过向老师请教，知道这是美国白蛾的幼虫，是一种外来入侵物种，对树木、农作物危害很大，于是我就想着如何能对它进行"绿色"防治。通过野外采集生物天敌并多次实验比较，我对美国白蛾的天敌和生物防治有了更深的了解。

（二）未来努力方向

如果我明年还有机会继续这项研究，首先，我将尽可能采集更多种类的生物天敌，通过增加实验的次数来提高结果的准确性；其次，在采集和实验过程中，我将及时地将采集结果和实验过程通过图表和照片的方式记录下来，以免记错或遗漏；最后，除了在实验室条件下进行实验，我还想尝试一下在野外真实环境中进行实验和比较分析，争取找出更有效并且可以大范围推广的美国白蛾生物防治方法。

参考文献：

［1］美国白蛾的危害特点及关键防治技术［J］.岳彬.乡村科技.2021-06-20.

［2］美国白蛾入侵对园林的危害及防治对策讨论［J］.慈蕊.种子科技.2021-06-20.

［3］浅析美国白蛾在全国的发生扩散趋势及对策［J］.魏秀梅.河北林业科技.2021-06-28.

［4］美国白蛾的防治要点及措施［J］.卫斌峰.中国农业文摘——农业工程.2021-07-08.

［5］北京大兴区灯诱美国白蛾种群动态分析［J］.赵安平，王美入，严文胜，等.植物检疫.2021-07-15.

［6］平邑县美国白蛾监测与发生概述［J］.姜敏.农业开发与装备.2021-07-28.

［7］美国白蛾发生危害特点及综合防控措施［J］.贾红梅，张宏杰.现代园艺.2021-08-25.

［8］美国白蛾综合防控技术［J］.罗帅.林业与生态.2021-09-10.

［9］山东日照地区美国白蛾发生规律、预测预报及防治历史的研究［J］.闫丰军，郑泽玉，苑芳义，等.防护林科技.2021-09-15.

［10］漯河市区美国白蛾发生规律及综合防控措施［J］.李亚杰，王奇，王薇，等.河南林业科技.2021-09-15.

北京某小学有绿化的楼顶鸟类调查

黄子宸　北京市东城区东四九条小学

辅导教师：任立鹏、周楠、赵雯彦

一、调查背景

鸟类是自然生态系统的重要组成部分，是城市环境中最为常见的野生动物，是人们在城市环境中亲近自然的重要媒介。在快速的城市化过程中，鸟类种群受到了巨大的冲击，它们的生存空间和栖息地都受到了严重的挤压。

在北京这样的大城市，建筑物占据了主城区的大部分区域，留给鸟类等野生动物的空间越来越少。以我校为例，我校地处北京二环内中心城区，校园面积有限，绿地面积更小，加上同学们日常活动的影响，对鸟类很不友好。

建筑物楼顶远离我们的日常活动空间，是一片很大的区域，如果进行恰当的绿化改造，就有可能成为鸟类的活动空间。绿化楼顶真的可以成为适合鸟类的活动空间吗？有哪些鸟会光顾我校的绿化楼顶？鸟类在绿化楼顶都做些什么呢？怎样的楼顶绿化环境更适合鸟类活动的需要？

此外，我的同学在上一年做了一个冬季的楼顶鸟类初步调查，他们在一个区域调查了4个节气的鸟类情况。因此，我想在他们的调查基础上，延长调查时间，增加调查场地，对我校绿化楼顶的鸟类进行长期、全面调查。

二、调查目的

我借助我校的楼顶绿化环境，在两块植被不同的实验地，对鸟类展开长时间的监测调查。达到如下三个目的：

（一）调查绿化楼顶上鸟类种类和行为等情况。

（二）调查不同植被环境对鸟类的影响。

（三）调查影响楼顶鸟类活动的主要因素。

三、调查思路

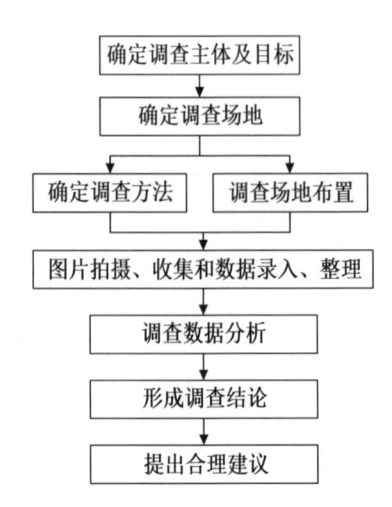

```
确定调查主体及目标
        ↓
   确定调查场地
    ↓        ↓
确定调查方法  调查场地布置
        ↓
图片拍摄、收集和数据录入、整理
        ↓
    调查数据分析
        ↓
    形成调查结论
        ↓
    提出合理建议
```

四、调查方法

（一）红外相机定点拍摄法

为了减少人为活动对鸟类的影响，开展24小时全天候持续监测，我们采用红外相机定点拍摄法。红外相机有红外自动侦测功能，当鸟类出现时会自动记录。

红外相机每次监测到视野内的物体运动后，自动启动一次拍摄记录。每次记录先拍照1张，延迟1秒后，再拍照1张，然后录像10秒。这2张照片和1段视频构成一个记录单元。

同时调查两块实验地的鸟类情况，命名为1号红外相机和2号红外相机。定期换取红外相机存储卡，将图片和视频数据拷贝到电脑硬盘上。

（二）软件辅助数据分析法

我通过查看红外相机拍摄的图片和视频，获得鸟类活动数据，将数据录入数据表中，如表4-3-1所示。

表4-3-1：鸟种数据统计表（样表）

日期	时间	鸟种	数量	活动	气温	地块	备注

（三）数据对比法

我采用数据对比法来分析不同植被对鸟类活动的影响。我将1号杂草实验地和2号景天三七实验地有记录的日期的数据分别提取出来，再对比分析这两组数据，发现两块实验地上出现的鸟种数和鸟类出现频次都存在明显的差别。

（四）查阅资料法

在论文撰写期间，我的同学去年开展的楼顶鸟类调查报告成了我的重要参考资料。

在统计数据过程中，遇到距离太远或难以辨认的鸟时，我通过查阅鸟类图鉴进行辨别确认。

五、调查过程

（一）场地布置

1.场地介绍

我校楼顶有多块绿化实验区域，不同区域种植有不同的植被。本次调查在野草实验地和景天三七实验地上展开，我将它们分别编号命名为1号野草实验地和2号景天三七实验地，简称为1号地和2号地。

1号野草实验地上种植多种野草，有狗尾草、蒿、苋等种子植物。

2号景天三七实验地种植单一的种子植物——景天三七。

实验地块分布如图4-3-1所示。

图4-3-1：两块实验地的位置分布图（2月拍照）

图4-3-2：1号野草实验地（8月拍照）　图4-3-3：2号景天三七实验地（8月拍照）

2.红外相机安装

实验采用红外相机定点监测的方法来获取鸟类活动图像。我将两部红外相机分别布置在1号地右下角和2号地右下角。这样可清晰监测和拍摄到出现在区域内的鸟类。

自2022年4月1日开始，以一年为期开展调查。

图4-3-4：红外相机部署位置图

图4-3-5、图4-3-6：在1号实验地和2号实验地安装红外相机

（二）数据整理与分析

1.数据收集和数据整理

将红外相机安装好之后，启动红外相机自动拍摄功能。我定期换取红外相机存储卡，将图片和视频数据拷贝到电脑硬盘上。我计划收集12个月300多天的数据。截至8月31日，我已收集红外相机拍摄的照片15007张、视频7325段。

获得图片和视频数据之后，我查看每一张图片和部分视频，将图片中的鸟类信息整理录入数据表中，以便进一步地统计分析。由于数据量巨大，为了提高数据录入效率，我请爸爸帮助设计了一个数据录入辅助程序，辅助进行数据录入。

图4-3-7：定期换取红外相机存储卡

图4-3-8：数据录入辅助程序

2.数据整理与分析

（1）数据概况

从4月1日至8月31日共5个月153天，我收集到红外相机拍摄的照片15007张、视频7325段，其中出现鸟类的图片有11643张。

我按日期对鸟只次、鸟种进行统计。"鸟只次"代表鸟被记录到的次数，称为"只次"，类似于人次。"鸟种"即为几种鸟。如20220402，鸟只次83，鸟种4，可以理解为2022年4月2日，共记录到4种鸟，合计83只次。鸟种相同、地块相同的两条记录，如果相差的时间小于单元时间间隔，则认为出现了重复记录，将这两条记录合并成一条记录。统计数据如表4-3-2所示。

表4-3-2：鸟只次、鸟种数据统计表

日期	鸟只次	鸟种	日期	鸟只次	鸟种	日期	鸟只次	鸟种	日期	鸟只次	鸟种
20220401	0	0	20220423	421	8	20220515	0	0	20220606	0	0
20220402	83	4	20220424	181	5	20220516	0	0	20220607	360	5
20220403	564	6	20220425	0	0	20220517	244	5	20220608	992	6
20220404	941	5	20220426	0	0	20220518	0	0	20220609	456	6
20220405	230	4	20220427	0	0	20220519	0	0	20220610	155	6
20220406	47	5	20220428	335	7	20220520	0	0	20220611	119	4
20220407	32	3	20220429	267	6	20220521	0	0	20220612	165	5
20220408	88	5	20220430	198	6	20220522	0	0	20220613	177	5
20220409	230	5	20220501	560	8	20220523	944	5	20220614	213	4
20220410	170	6	20220502	901	6	20220524	888	8	20220615	76	5
20220411	20	3	20220503	99	4	20220525	628	6	20220616	76	5
20220412	4	2	20220504	0	0	20220526	229	5	20220617	94	7
20220413	8	2	20220505	0	0	20220527	0	0	20220618	83	4
20220414	34	3	20220506	0	0	20220528	0	0	20220619	85	4
20220415	70	4	20220507	0	0	20220529	0	0	20220620	19	2
20220416	71	5	20220508	0	0	20220530	0	0	20220621	0	0
20220417	105	5	20220509	0	0	20220531	0	0	20220622	0	0
20220418	500	6	20220510	549	6	20220601	0	0	20220623	0	0
20220419	67	5	20220511	288	6	20220602	0	0	20220624	0	0
20220420	283	5	20220512	34	4	20220603	0	0	20220625	0	0
20220421	539	8	20220513	0	0	20220604	0	0	20220626	0	0
20220422	794	7	20220514	0	0	20220605	0	0	20220627	0	0

续表

日期	鸟只次	鸟种	日期	鸟只次	鸟种	日期	鸟只次	鸟种	日期	鸟只次	鸟种
20220628	0	0	20220715	90	3	20220801	20	2	20220818	19	1
20220629	0	0	20220716	113	4	20220802	71	3	20220819	24	2
20220630	0	0	20220717	35	3	20220803	91	3	20220820	2	1
20220701	0	0	20220718	137	3	20220804	31	1	20220821	0	0
20220702	0	0	20220719	32	1	20220805	48	1	20220822	10	1
20220703	0	0	20220720	76	3	20220806	14	1	20220823	7	1
20220704	0	0	20220721	74	3	20220807	13	1	20220824	13	2
20220705	0	0	20220722	58	4	20220808	26	1	20220825	10	2
20220706	0	0	20220723	38	4	20220809	17	1	20220826	3	1
20220707	0	0	20220724	46	2	20220810	22	2	20220827	2	1
20220708	0	0	20220725	27	3	20220811	12	3	20220828	22	3
20220709	14	1	20220726	33	1	20220812	18	1	20220829	6	1
20220710	0	0	20220727	57	2	20220813	2	1	20220830	0	0
20220711	0	0	20220728	8	3	20220814	14	1	20220831	0	0
20220712	2	1	20220729	21	1	20220815	23	2			
20220713	0	0	20220730	23	2	20220816	6	1			
20220714	180	4	20220731	16	3	20220817	11	2			

153天中有46天由于红外相机故障、未及时更换存储卡、红外相机使用调度等多方面的原因，未能获取监测数据。

我将每天记录的鸟只次和鸟种构成绘制成每日鸟种分布图，如表4-3-3所示。

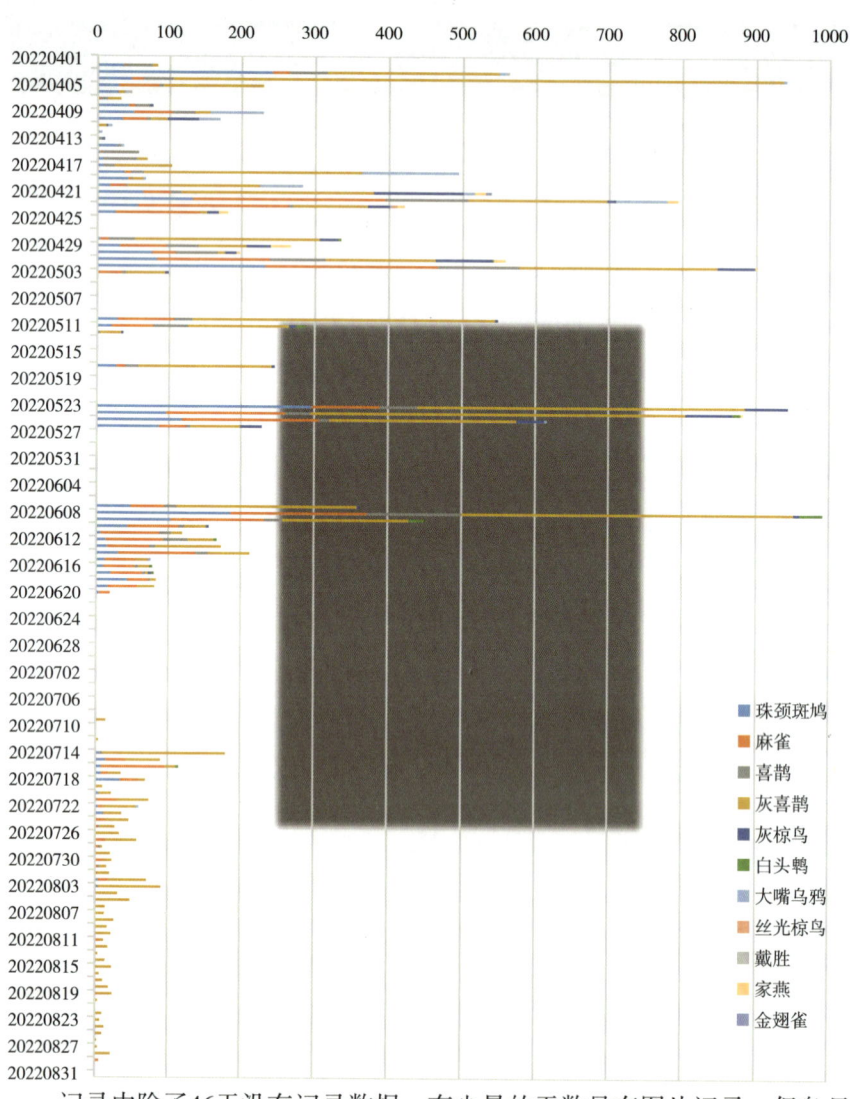

表4-3-3：每日鸟种只次分布图

记录中除了46天没有记录数据，有少量的天数虽有图片记录，但鸟只次却依然为0。经过图片和视频分析，我发现存在两种情况。

一种情况发生在排除故障当天。故障排除重启相机时，已是当天下午较晚的时间，同时排除故障的人在楼顶活动也影响了鸟类活动，故该日鸟只次依然为0。

另一种情况出现大风天气。如果某天持续大风，鸟类几乎不会出现，大风吹动植物摇晃，会造成红外相机误记录，故该日虽有图片记录，但鸟只次却依然为0。

（2）发现的鸟种类别

从4月1日到8月31日五个月里，共监测到鸟种12种，分别是珠颈斑鸠、麻雀、喜鹊、灰喜鹊、灰椋鸟、白头鹎、大嘴乌鸦、丝光椋鸟、戴胜、家燕、金翅雀。加上去年4月监测到的红喉鹨，总共监测到鸟种13种。

这些鸟种中，珠颈斑鸠、麻雀、喜鹊、灰喜鹊、大嘴乌鸦是北京市区常见鸟；家燕是夏天常见鸟；灰椋鸟、白头鹎也较常见；丝光椋鸟、戴胜和金翅雀较少见，能在楼顶监测到它们的出现，殊为不易。特别值得一提的是红喉鹨，它是迁徙鸟类，过境北京，这项记录尤为珍贵。绿化楼顶为它们提供了休息和觅食的场地。这可以在一定程度上说明绿化楼顶的确可以成为鸟类的生活空间。

图4-3-9：珠颈斑鸠　　　　图4-3-10：麻雀

图4-3-11：喜鹊

图4-3-12：灰喜鹊

图4-3-13：灰椋鸟

图4-3-14：白头鹎

图4-3-15：大嘴乌鸦

图4-3-16：丝光椋鸟

图4-3-17：戴胜　　　　　　　　　　图4-3-18：家燕

图4-3-19：金翅雀　　　　　　　　　图4-3-20：家鸽

图4-3-21：红喉鹨

（3）鸟类的行为

鸟类到楼顶做什么？经过调查，我发现鸟类在绿化楼顶有各种各样的行为，包括喝水、觅食、洗澡、沙浴、衔泥、叼草、休闲、求偶等。这些鸟儿有的成群结队，有的出双入对，还有的独来独往。

图4-3-22：喝水

图4-3-23：洗澡

图4-3-24：觅食

图4-3-25：叼草

图4-3-26：衔泥

图4-3-27：刨坑沙浴

图4-3-28：休闲　　　　　　　　　　　图4-3-29：求偶

鸟类在楼顶的行为多样，可见绿化楼顶是一个适宜鸟类的活动空间。

（4）每种鸟出现的数量

有些鸟会持续一段时间出现在镜头中，造成重复记录，导致记录的数据和实际情况存在较大误差。为了评估重复记录对调查的影响，我们将单元时间间隔设置为5分钟，进行数据过滤合并。合并前记录数量为鸟只次，合并后的记录数量为鸟只数。

将合并前的总鸟只次和合并后的总鸟只数列到同一个表中，如表4-3-4所示。

表4-3-4：合并前、后的总鸟只次、总鸟只数统计表

鸟种	合并前（总鸟只次）	合并后（总鸟只数）	鸟种	合并前（总鸟只次）	合并后（总鸟只数）
灰喜鹊	7564	1197	家燕	107	40
麻雀	3286	788	白头鹎	91	19
珠颈斑鸠	2676	417	家鸽	81	30
喜鹊	1284	338	戴胜	11	2
灰椋鸟	661	157	金翅雀	8	3
大嘴乌鸦	418	64	丝光椋鸟	8	2

从表4-3-4中可知，合并前后数据差异很大，说明重复记录次数很多。统计合并后的每日鸟只数和每日鸟种分布情况绘制成柱状图，如表4-3-5所示。

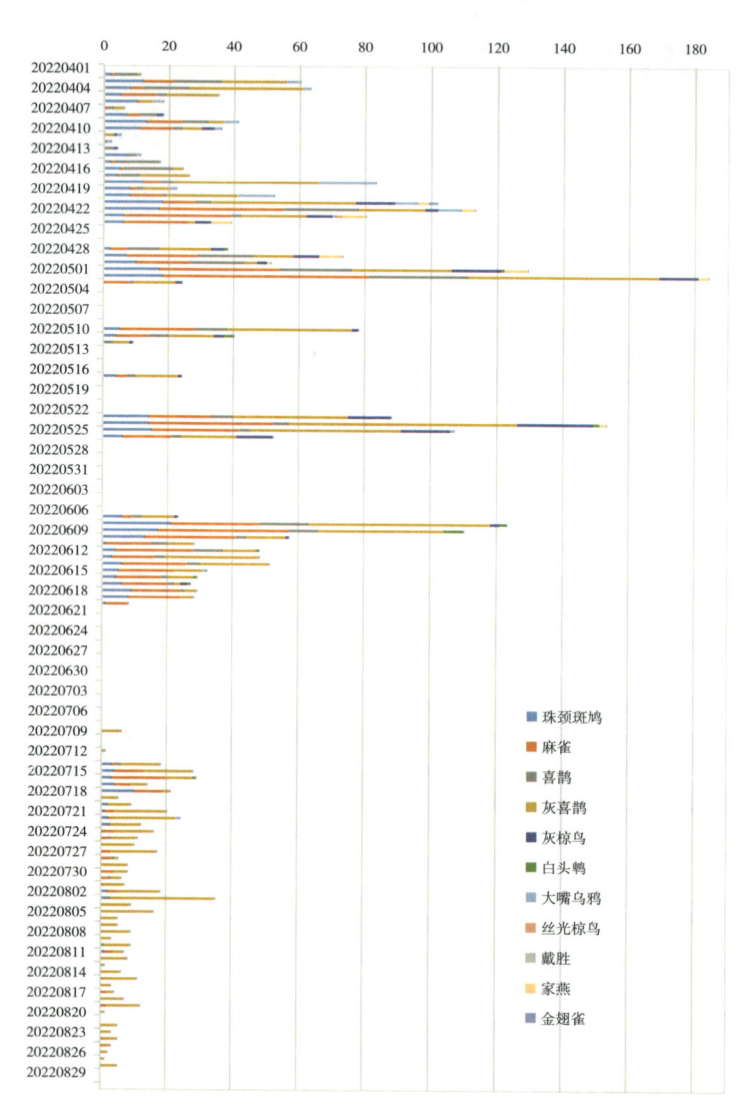

表4-3-5：合并后每日鸟只数、鸟种分布图

将数据合并前后的鸟种分布数据绘制成饼图，如表4-3-6所示。

表4-3-6：合并前、后鸟只次、鸟只数分布图

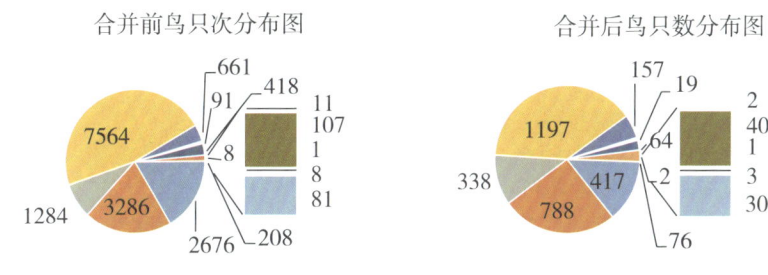

合并前鸟只次分布图　　　　　合并后鸟只数分布图

- 珠颈斑鸠　■麻雀　■喜鹊　■灰喜鹊　■珠颈斑鸠　■麻雀　■喜鹊　■灰喜鹊
- 灰椋鸟　■白头鹎　■大嘴乌鸦　■丝光椋鸟　■灰椋鸟　■白头鹎　■大嘴乌鸦　■丝光椋鸟
- 戴胜　■家燕　■金翅雀　■家鸽　■戴胜　■家燕　■金翅雀　■家鸽

从饼图可知，数据合并前后各种鸟之间的占比趋势，没有明显改变，说明采用合并前的鸟只次和合并后的鸟只数，都能反映鸟种构成关系。

从每日鸟种分布图和饼图数据可知，楼顶出现的鸟种较多，其中灰喜鹊数量最多、出现最频繁，其次为麻雀、珠颈斑鸠和喜鹊。此外，灰椋鸟、白头鹎、大嘴乌鸦也偶有出现，丝光椋鸟、戴胜、家燕、金翅雀、家鸽也有少量记录。

（5）不同植被环境为鸟类提供不同生活环境

1号地为野草实验地，地上种植多种野草，有狗尾草、蒿、苋等种子植物。2号地为景天三七实验地。两块地的环境对照如下。

图4-3-30：1号地块生态环境 　　　　图4-3-31：2号地块生态环境

175

从图片对照可知，1号地有裸露沙土，植被种类比较多样。在一段时间内1号地设置有一个水盆；2号地为单一的、密集的景天三七，基本上没有裸露的沙土。

从4月1日到8月31日，1号地和2号地都有统计数据的有67天，我将这67天内每天统计到的鸟只次进行对照，数据如表4-3-7所示。

表4-3-7：不同地块每日鸟只次数量对照表（只次）

日期	1号地	2号地	日期	1号地	2号地	日期	1号地	2号地
20220407	32	4	20220714	180	18	20220801	20	17
20220408	88	18	20220715	90	2	20220802	71	57
20220409	230	14	20220716	113	1	20220803	91	61
20220410	170	54	20220717	35	3	20220804	31	23
20220411	20	20	20220718	69	18	20220805	48	40
20220412	4	4	20220719	10	10	20220806	14	10
20220413	8	8	20220720	24	4	20220807	13	9
20220414	34	2	20220721	74	3	20220808	26	21
20220415	70	8	20220722	58	16	20220809	17	11
20220416	71	20	20220723	38	16	20220810	22	12
20220417	105	2	20220724	46	9	20220811	12	9
20220418	500	83	20220725	27	18	20220812	18	12
20220419	67	40	20220726	33	29	20220813	2	2
20220420	283	12	20220727	57	37	20220814	14	7
20220421	539	60	20220728	8	3	20220815	23	12
20220709	14	24	20220729	21	4	20220816	6	4
20220712	2	2	20220730	23	8	20220817	11	0
20220713	0	0	20220731	16	14	20220818	19	10

续表

日期	1号地	2号地	日期	1号地	2号地	日期	1号地	2号地
20220819	24	12	20220824	13	11	20220829	6	5
20220820	2	1	20220825	10	7	20220830	0	0
20220821	0	0	20220826	3	3	20220831	0	1
20220822	10	2	20220827	2	2			
20220823	7	5	20220828	22	16	总计	3716	1025

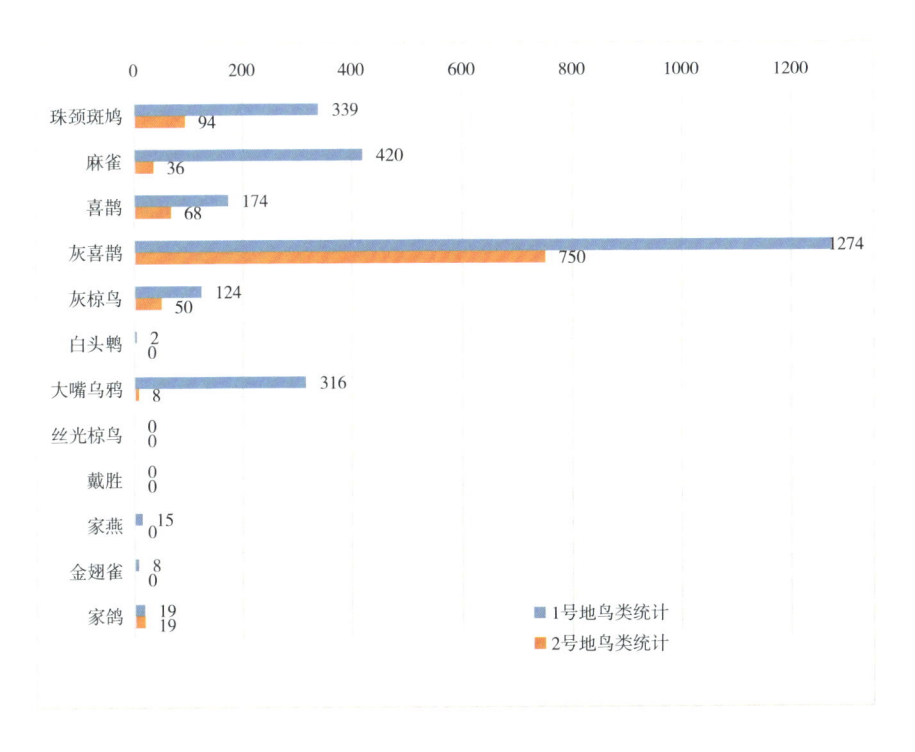

图4-3-32：1号地和2号地鸟种只次统计对照图

鸟种	1号地鸟类统计	2号地鸟类统计
珠颈斑鸠	339	94
麻雀	420	36
喜鹊	174	68
灰喜鹊	1274	750
灰椋鸟	124	50
白头鹎	2	0
大嘴乌鸦	316	8
丝光椋鸟	0	0
戴胜	0	0
家燕	0	15
金翅雀	8	0
家鸽	19	19

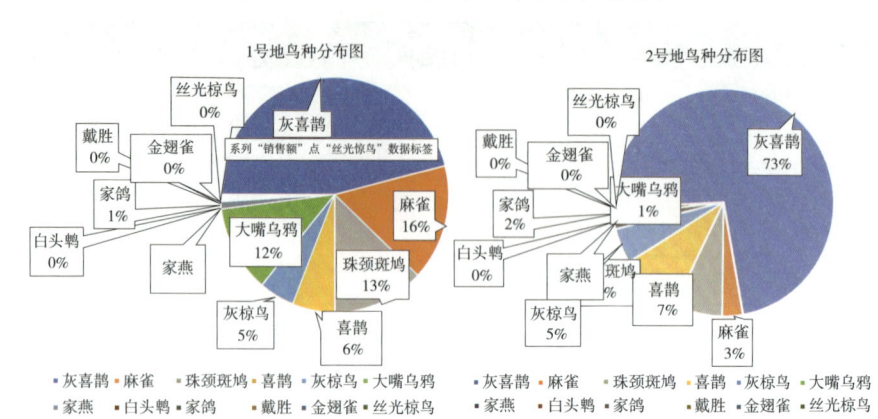

表4-3-33：1号地和2号地鸟种分布对照图

从鸟类统计对照表和统计对照图可知，在相同时期内出现在1号地的鸟数量和鸟种数量都多于出现在2号地的。

出现在2号地的鸟中，灰喜鹊占73%，有少量珠颈斑鸠、喜鹊。由此可知灰喜鹊作为城市最常见的野鸟，对环境的适应性极强，偏好不明显。而其他鸟种则比较偏爱1号地。

从总体数据分析对比来看，1号地比2号地更受鸟类欢迎。因1号地有更加多样的植被、设置有水盆，故受到更多鸟类的欢迎。

（6）不同月份不同的环境和鸟类的关系

在4~6月时，两块实验地的植被都还较稀疏、比较多样，同时有些裸露的沙土，进入8月之后，植被变得非常茂盛而且单调。生境的改变可能影响鸟类的活动。

下表4-3-10是按日期统计的鸟种分布图。从表中可知，进入7月下旬后，两块实验地监测到的鸟只次都明显减少，就连最常见的灰喜鹊也明显减少。

通过查看图片和视频分析，有以下三方面原因：

第四部分
环境调查报告

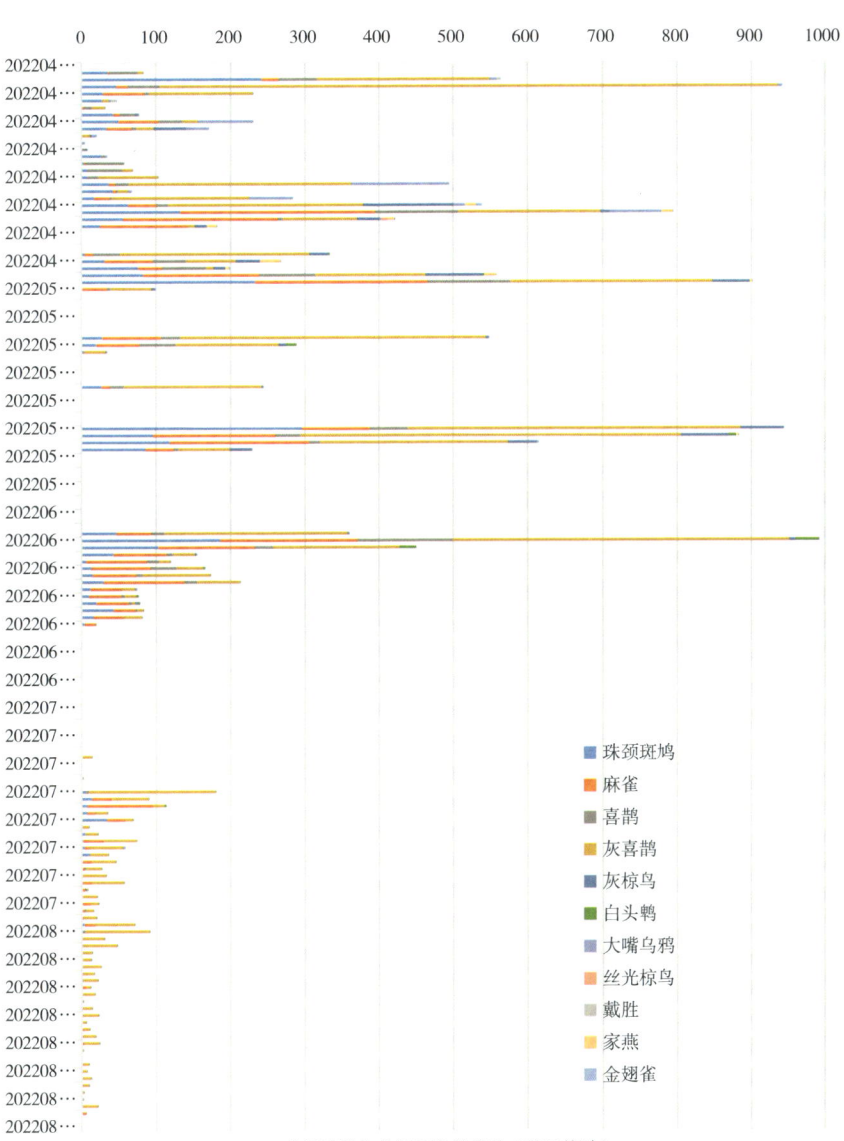

表4-3-10：总记录数和总记录鸟种统计表

图例：
- 珠颈斑鸠
- 麻雀
- 喜鹊
- 灰喜鹊
- 灰椋鸟
- 白头鹎
- 大嘴乌鸦
- 丝光椋鸟
- 戴胜
- 家燕
- 金翅雀

总记录数和总记录鸟种统计（按日统计）

179

图4-3-34：1号地4月环境　　　　图4-3-35：1号地8月环境

图4-3-36：2号地4月环境　　　　图4-3-37：2号地8月环境

A.植被变得茂盛，裸露的地面不见了，植被单一，不受鸟类欢迎。

B.天气炎热，屋顶温度高达50℃，而屋顶植被矮小，鸟类无处乘凉。

C.7月下旬进入暑期，水盆干涸了，很多常来喝水的鸟发现没水后就不再来了。

（7）绿化楼顶与鸟类的关系

A.绿化楼顶为鸟类提供水源和食物

放置在楼顶的水盆为鸟类解决喝水问题。

楼顶的植被的绿叶、嫩芽，植物的果实，生活在植物丛中的昆虫等，给鸟类提供了多样化的食物。

B.绿化楼顶的沙土场地是鸟类喜欢的空间

楼顶的沙土场地可以为鸟类提供刨土、沙浴的空间。很多鸟种都会吞食沙子帮助消化，楼顶的沙土场地很适合鸟类活动。

C.绿化楼顶为鸟类提供筑巢材料

楼顶有沙土、植被、植物的花絮等，为鸟类提供了筑巢所需的原材料。

D.绿化楼顶为鸟类提供休息空间

绿化楼顶为鸟类提供了休息的空间，让一些路过的鸟类得以憩息补给。

综上所述，绿化楼顶能满足鸟类的许多生活需求，由此可见绿化楼顶对鸟类十分重要。

六、调查结果与建议

（一）调查结果

1.截至目前，已在我校绿化楼顶监测到13种鸟。可见，带绿化的楼顶可以成为鸟类的活动空间。

2.杂草地更受鸟类欢迎。

3.水源可以吸引更多的鸟来绿化楼顶活动。

4.长有杂草、松软的沙地也受到鸟类欢迎，鸟类可以在沙地上觅食、刨坑、沙浴等。

（二）建议

1.在楼顶种植多样植物、混合栽种，避免单一化，可为多种鸟类提供丰富的活动环境。

2.楼顶绿化区应设置一个持久水源点，为鸟类提供饮水和洗浴场所。

3.适当留出部分无植被沙土区域，以便鸟类刨坑、沙浴。

4.所有的设置都应科学进行，从野生动物角度出发，而非从人类角度考虑。

七、下一步研究设想

（一）继续收集数据、分析数据，完成全年调查的目标。
（二）可考虑栽种一些小乔木、灌木，看看能否吸引更多种类的野鸟。

参考文献

［1］符钉辉，丁伟品，龙军桥，等.海南岛湿地鸟类的资源调查及多样性研究［J］.热带生物学报，2022，13（02）：120—126.

［2］李湫，杨利云，邓开红，等.滇中三大高原湖泊鸟类资源调查与评价［J］.湖北农业科学，2021，60（17）：104—110.

［3］李爱景.河南师范大学校园鸟类调查［J］.河南师范大学学报（自然科学版），2021，49（01）：70—79.

［4］自然之友野鸟会.北京野鸟图鉴［M］.北京：北京出版社.

［5］陈思齐，张蔚然，任雨淇.有屋顶绿化的校园楼顶鸟类调查.

无塑冰袋的配方与效果初探

刘亦宸　北京市西城区奋斗小学

辅导教师：赵溪、刘婕

一、研究背景

我发现在生鲜电商平台网购时有一个非常不环保的现象：每一份生鲜快递箱里都配有少则2~3个，多则9~10个的塑料冰袋。有一次，一个泡沫保温箱里，仅装200克的生鱼片，却配了3个、总重1650克的塑料冰袋！由于一家三口的采购量不大，这种冰袋数量和总重量数倍于食材的情况时常发生。我认为网购生鲜食材虽然快捷又方便，却额外产生了很多一次性塑料用品，冰袋就是不可忽略的一项。由此，我产生了研究如何更加科学、环保使用冰袋的想法。

二、研究目的

通过本次研究了解冰袋生产与使用现状及生鲜冷链的配送时间，并通过实验探究寻找一种可以替代塑料冰袋的无塑冰袋配方。

三、研究方法

（一）查阅资料。

（二）访谈法。

（三）实验法。

四、研究过程与结果

（一）查阅资料过程与结果

1. 查阅资料过程

查阅"限塑条例"等国家政策、标准；

查阅生鲜快递场景中冰袋使用、处理情况的报道；

查阅冰袋种类、成分、原理；

查阅卡拉胶、琼脂等亲水性胶体的降解性和使用方法；

查阅了解生鲜物流基本状况及技术创新对提高绿色冷链运输效率的重要性和迫切性。

2. 查阅资料结果

（1）冷链生鲜需求急剧上升，国家要求温控材料无污染

艾媒咨询《2022年中国生鲜电商运行大数据及发展前景研究报告》

数据显示，2021年中国生鲜电商行业市场规模为3117.4亿元，同比上升18.2%。预计2023年中国生鲜电商行业市场规模达4198.3亿元。

我国政府高度重视电子商务冷链领域绿色发展。2021年7月正式颁布《电子商务冷链物流配送服务管理规范》。规范的5.4.5条目要求："宜适用可循环利用的包装箱，温控材料应无毒、无害、无污染，符合货物安全规定且具有良好温度稳定性。"

（2）北京对减少快递塑料污染的计划

2020年12月18日，北京市发展改革委、北京市生态环境局正式印发实施《北京市塑料污染治理行动计划（2020~2025年）》。

2020年底，北京市餐饮行业已全面禁止使用不可降解一次性塑料吸管；到2021年6月底，全面禁止使用不可降解一次性塑料咖啡搅拌棒；2022年底，北京市快递网点禁止使用不可降解塑料包装袋、一次性塑料编织袋等；2025年底，北京市快递网点禁止使用不可降解塑料胶带。

据北京市发改委公布数据，2021年，全市快递企业"瘦身胶带"基本实现全覆盖，循环中转袋使用比例突破98%，电商快件不再二次包装比例达到90%，主要品牌快递企业累计投入使用可降解塑料包装袋3370万个。

（3）媒体对网购生鲜配送冰袋使用的报道

据《潇湘晨报》报道，2022年杨梅季节，仅宁波顺丰速运余慈片区的生鲜快件部，单杨梅一项运输就用去70万个冰袋。"开渔节"之后，梭子蟹上市，冰袋的使用又是一次高峰。

日常使用的冰袋融化后，呈现黏稠的胶水状，成分不明，给消费者如何处置造成了困扰。目前市面上存在的冰袋主要分为两种，一种是冰冻介质，另外一种是不含冰冻介质。我们常见的冰袋多属不含冰冻介质，它主要采用聚丙烯酸钠和羧甲基纤维素，均属于保水剂，都是亲水性的高分子材料，呈现胶水一样的状态，无毒性。

目前，冰袋的生产商以及生鲜商家并没有开展相关的回收业务，这是由于冰袋单价大多在0.1~0.9元/袋，订单发往全国各地。统一回收的话，收集、运输、分拣成本太高，难以实现。将冰袋作为垃圾处理时，应将冰袋剪开后将外层塑料和内部填充物分类投放。塑料外包装可以作为"可回收垃圾"，填充物无毒的可投入"其他垃圾"桶。

2021年3月央视新闻报道，2020年韩国的冰袋使用量超过了3亿个，同比增长约50%。韩国多地尝试推广冰袋专用回收设施，方便市民们返还冰袋。有的企业推出外包装是生物降解树脂，内部是水的环保冰袋。

（二）访谈咨询过程与结果

1.访谈过程

（1）访谈时间：2022年8月

（2）访谈对象：盒马鲜生客服、本来生活客服、福建东山岛海鲜商户

（3）访谈方式：电话

（4）访谈提纲：

◆ 生鲜订单的配送，究竟按照何种标准来划分？

◆ 同城生鲜快递中，不同配送距离或者配送时间，保鲜方式有何不同？

◆ 跨省生鲜快递中，保鲜方式跟同城相比有何不同？

◆ 对生鲜快递"保鲜"所要达到的温度有何要求？

◆ 冬天和夏天运送过程中保鲜措施有何不同？

◆ 目前使用的保鲜办法效果如何？顾客有什么反馈？

◆ 贵平台有冰袋回收计划吗？实施的障碍有哪些？

2.访谈结果

表4-4-1：访谈结果表

调查对象	同城		异地	
	配送时间/范围	保鲜方式	配送时间/范围	保鲜方式
盒马鲜生	0.5小时/3公里，次日达（约20小时）	当日：冰袋+可循环使用保温箱（快递员自带），次日：冰袋+一次性泡沫保温箱	无此类服务	无此类服务
本来生活	次日达（约20小时）	冰袋+一次性泡沫保温箱	36~72小时（仅覆盖一二线城市，偏远地区不配送）	更多的冰袋+一次性泡沫保温箱
福建东山岛海鲜商户	3小时以内（包括漳州、厦门等地）	散冰覆盖（将冰块打碎）	36小时（一二线城市，偏远地区不配送）	冰袋+保温膜+一次性泡沫箱

通过访谈发现：

（1）不同电商或同一电商的不同门店，对于冰袋使用量没有统一标准。不同重量、不同配送时间和距离的生鲜货物需要配备多少冰袋达到保温效果，以经验为主，随意性较大。

（2）夏天通常会比其他季节使用更多冰袋以维持低温。冬季寒冷地区可酌情增加配送距离。

（3）从实际效果看，干冰的保温效果最好，但不能上飞机，异地配送受限。

（4）无冰袋回收业务。回收人力成本高，回收价值低。

（五）探究实验过程与结果

1.耐用性实验过程

（1）实验目的：确定在常温与冷藏状态下，均能保持一定完整结构的无塑冰袋配方。

（2）实验用具：琼脂、卡拉胶、电子天平、烧杯、保温箱、自行车、加热搅拌器。

（3）实验步骤：配置质量为360克的溶液，具体浓度梯度如下表所示。

表4-4-2：实验设计表

	浓度1（%）	浓度2（%）	浓度3（%）	浓度4（%）
卡拉胶	0.3	0.6	1.2	2.4
琼脂	1.5	3.0	4.5	6.0

◆ 将上述溶液放入冰箱冷冻室冷冻一晚。

◆ 取出，得到成为固体的无塑冰袋。

◆ 将无塑冰袋称重后放入三个冷藏箱。

◆ 携带冷藏箱进行搬运、爬楼梯、骑车等操作，模拟运输过程中对冰袋的碰撞。

◆ 对无塑冰袋进行称重，观察其完整性并进行记录。

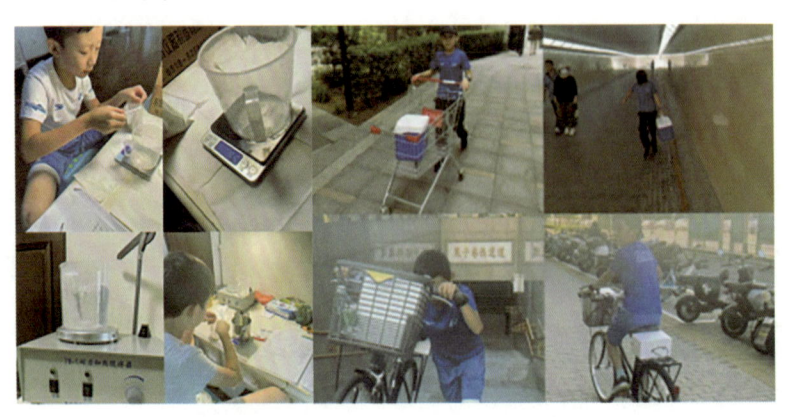

图4-4-1：耐用性实验过程

2.耐用性实验结果

表4-4-3：耐用性实验结果表

	初始质量（g）	最终质量（g）	感官观察
浓度1卡拉胶	294.8	289.8	主体未破损
浓度2卡拉胶	317	265.7	主体有明显破损
浓度3卡拉胶	406	252.4	主体碎成两半
浓度4卡拉胶	367.6	269.5	主体严重破损，但比卡拉胶浓度3好一些
浓度1琼脂	327.1	327.1	主体几乎无损坏
浓度2琼脂	306.8	303.4	只有小块破损
浓度3琼脂	因浓度过高无法制作		
浓度4琼脂	因浓度过高无法制作		

3.保温性实验过程

（1）实验目的：对比普通冰袋与无塑冰袋的保温效果。

（2）实验用具：浓度1琼脂无塑冰袋、浓度1卡拉胶无塑冰袋、普通冰袋、冻肉120克、生鲜肉、电子天平、红外测温仪、探针式测温仪、保温箱。

（3）实验步骤：

◆ 经过耐用性实验，选择浓度1卡拉胶冰袋与浓度1琼脂冰袋进行实验。

◆ 将三种冰袋与冻肉、生鲜肉分别放在保温箱内保存30分钟、3小时、36小时。由于冷鲜肉不进行长途运输，故36小时只做冻肉组实验。

◆ 保存到设计时长后拿出，测定肉类的表面温度与内部温度。

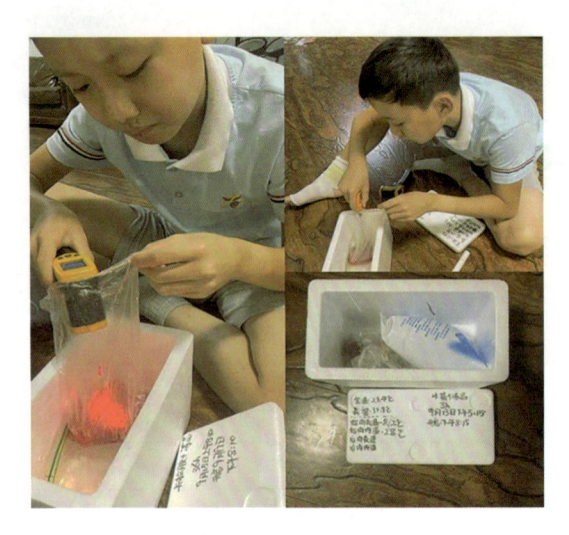

图4-4-2：保温性实验过程

4.保温性实验结果

由于原始数据较多，故本表格呈现经过计算后的升温幅度数据。升温幅度=最终温度-起始温度。

表4-4-4：保温性实验结果表

	30分钟（℃）	3小时（℃）	36小时（℃）
卡拉胶冰袋+冻肉（表面温度）	2.2	6.4	32.6
卡拉胶冰袋+冻肉（内部温度）	-0.8	2.0	30.2
卡拉胶冰袋+生鲜肉（表面温度）	-3.1	13.1	——
卡拉胶冰袋+生鲜肉（内部温度）	0	12.2	——
琼脂冰袋+冻肉（表面温度）	3.5	6.6	34.3
琼脂冰袋+冻肉（内部温度）	0.2	2.1	30.0

续表

	30分钟（℃）	3小时（℃）	36小时（℃）
琼脂冰袋+生鲜肉（表面温度）	0.3	10.3	—
琼脂冰袋+生鲜肉（内部温度）	3.1	5.9	—
塑料冰袋+冻肉（表面温度）	1.7	7.0	34.5
塑料冰袋+冻肉（内部温度）	0.6	2.3	29.9
塑料冰袋+生鲜肉（表面温度）	-2.6	9.6	—
塑料冰袋+生鲜肉（内部温度）	2.2	7.8	—

五、分析与思考

（一）"限塑10条"重锤治理，唯独冰袋我行我"塑"

冰袋是网购生鲜配送不可或缺的控温用品，访谈结果证明冰袋的使用比例高。但不同电商使用冰袋的数量、重量没有统一标准，甚至同一电商不同门店也各不相同，随意性比较大。

通过查阅资料，笔者注意到，发展"绿色快递"过程中，塑料袋换成"纸袋"始终是"重头戏"，"冰袋"却很少被关注。政府颁布的治理办法中，着重针对快递箱、胶带、塑料包装袋等快递包装"主角"进行绿色治理，没有提及"冰袋"这个有着塑料"皮肤"的"小配角"——事实上，"配角"使用量已经达到惊人的数字。笔者仍然没有在文件中找到关于"冰袋"浪费和污染的明确解决办法。

目前市面上冰袋的"外骨骼"是塑料，在自然环境中不可降解，只要不破损，冰袋是可以重复循环使用的。但是由于冰袋本身质量大、成本低，导致回收价值不高，和市场收集运输及分解成本不成比例，价值链很难建立，因此生产企业、生鲜快递商家都没有相关回收业务。

在使用过程中，如何对冰袋进行垃圾分类也给很多消费者造成困扰，"网购生鲜冰袋处理成难题"的话题还曾经登上微博热搜榜。尽管新闻媒体多次邀请专家解答公众疑惑，明确冰袋的内部物质无毒害，生活场景中将外包装和内部液体分别按"可回收垃圾"和"其他垃圾"处理即可，但在实际应用中，大量冰袋经一次性使用后最终被直接丢弃。

综上，经过"限塑10条""绿色快递"等一系列政策措施组合拳治理，生鲜快递的塑料污染问题明显改善，但冰袋造成的塑料污染却未受到应有关注，依旧我行我"塑"。

（二）限塑15载，新问题需用新办法

近年来，随着生产生活方式的转变和新兴业态发展，尤其新冠疫情以来，以外卖、生鲜快递包装为代表的新型一次性塑料制品消费量持续快速上升，"白色污染"这一长期困扰全球环境的痼疾有重新抬头之势。自2008年我国颁布"限塑令"至今，已过去15年，为了应对新形势下的新问题，只有强化科技支撑，才能提升塑料污染治理效率。外卖平台、快递企业采用绿色包装以及对包装循环使用是"治标"，真正治本之策还是国家制定专项政策和激励机制，鼓励企业生产环保替代产品。目前包括PLA、PHAS、PBS等高分子材料均可取代传统PE塑料，吸管、咖啡搅拌棒、塑料袋等已实现科技环保替代。传统冰袋，亟须研发出在价格和实用性上更优的替代产品。

（三）无塑冰袋的耐用性满足使用要求

实验结果表明，卡拉胶和琼脂在低浓度配方时，经过模拟运输，其主

体均未破损，0.3%卡拉胶配方的质量损失为1.6%，1.5%琼脂配方的质量损失为0。无塑冰袋耐用性满足"最后一公里"网购生鲜配送的需求。

（四）无塑冰袋的保温性与普通冰袋相当

经过实验对比发现，冻肉组经过0.5小时后，卡拉胶冰袋、琼脂冰袋和普通冰袋冻肉的表面温度分别波动了2.2℃、3.5℃、1.7℃，内部温度分别波动了-0.8℃、0.2℃、0.6℃；冻肉组经过3小时后，卡拉胶冰袋、琼脂冰袋和普通冰袋冻肉的表面温度分别波动了6.4℃、6.6℃、7.0℃，内部温度分别波动了2.0℃、2.1℃、2.3℃；冻肉组经过36小时后，卡拉胶冰袋、琼脂冰袋和普通冰袋冻肉的表面温度分别波动了32.6℃、34.3℃、34.5℃，内部温度分别波动了30.2℃、30.0℃、29.9℃。

生鲜肉组经过0.5小时后，卡拉胶冰袋、琼脂冰袋和普通冰袋冻肉的表面温度分别波动了-3.1℃、0.3℃、-2.6℃，内部温度分别波动了0℃、3.1℃、2.2℃；生鲜肉组经过3小时后，卡拉胶冰袋、琼脂冰袋和普通冰袋冻肉的表面温度分别波动了13.1℃、10.3℃、9.6℃，内部温度分别波动了12.2℃、5.9℃、7.8℃。

实验结果显示，卡拉胶和琼脂在低浓度配方时，分别应用于0.5小时、3小时、36小时的保温场景中，保温性与普通冰袋相当，且卡拉胶冰袋的效果在0.5小时、3小时的"最后一公里"短途场景中，温度稳定性表现略优于普通冰袋。

（五）无塑冰袋的成本分析

普通冰袋的市场批发价在0.1~1.0元/袋不等。

实验所用网购的卡拉胶价格为0.11元/克，琼脂价格为0.12元/克。根据设计浓度，实验中制作与普通冰袋质量相当的无塑冰袋，每个卡拉胶冰袋的原材料成本约为0.12元（1.1×0.11≈0.12），每个琼脂冰袋的原材料成本约为0.65元（5.4×0.12≈0.65）。加上实际生产中所需的人工、生产线、运输、储存等成本，批量生产无塑冰袋的市场价格势必略高于普通冰袋。但它无毒无害无须回收的特性，不仅免除了回收成本，且对环境保护的远期收益大大高于塑料冰袋。综合考量，无塑冰袋跟普通冰袋相比的价格劣势，在可以接受的范围之内。

六、结论与建议

（一）政府部门尽快出台明确的治理时间表

《北京市塑料污染治理行动计划2022年度工作要点》中明确提到至2022年底，北京市快递网点禁止使用不可降解塑料包装袋、一次性塑料编织袋等，推动一次性快递包装物回收利用。笔者期盼在2023年的"工作要点"中能看到塑料冰袋被禁止使用或者对其进行回收利用的办法，以敦促市场和公众远离塑料冰袋。同时，为了引导企业对环保冰袋的使用，建议有关部门定期检查物流、销售企业使用环保冰袋的情况，并告知消费者。

（二）生鲜电商尽快规范日常冰袋的使用，加速回收系统建立

塑料冰袋由生产厂家统一回收的话，收集、运输和分拣的成本过高，不易实现。建议生鲜电商积极建立回收系统，由快递员定期回收，对用户予以适当的积分、实物奖励，树立有社会担当的企业公益形象。同时，在日常使用中，建立可量化、温控更为精准、科学规范的冰袋使用标准，取代装箱员个体经验为主导、随意性较大的现状，降本增效。

（三）科研单位尽快研制出无毒无污染、物美价廉的无塑冰袋

本研究中无塑冰袋虽然可以起到保鲜和降低塑料污染的作用，但成本比现有塑料冰袋略高。科技进步才是解决冰袋塑料污染的根本办法。成本高使商家对外包装为生物降解物质、内部为水的安全环保冰袋以及无塑冰袋的使用意愿偏低。如果能通过技术革新，研制出既环保又便宜，且耐用性更强的新型无塑冰袋，全社会有望实现被动变主动，真正达到降低冰袋塑料污染的目标。

校园废旧塑料瓶的回收再利用报告

李昊天、汤承志　北京市日坛中学
辅导教师：林彦杰

摘要：

　　随着垃圾分类进校园工作的开展，我校利用广播、宣传栏科普垃圾分类知识，号召师生积极开展垃圾分类。活动中，我们发现大家对于空塑料瓶的回收再利用关注较少，为了引起大家对废旧塑料制品回收的关注，切实感受塑料对环境的影响，我们决定成立"校园废旧塑料瓶的回收再利用"活动小组。利用广播、宣传海报等方式，宣传塑料污染、限塑知识，倡导绿色低碳生活方式。

一、活动背景

　　随着时代发展、科技进步，人类为了让生活更加便利，新材料——塑料，应运而生。它改变了人类的生活方式，也提高了人们的生活质量。随着技术的不断迭代，塑料的使用愈加广泛。由于塑料有着可塑性强、易染色、种类多等特点，人们的生活处处都离不开塑料。

但是，塑料的广泛使用，也带来了很多新问题。生产塑料会消耗大量非再生资源，使用后的大量塑料垃圾给自然界带来了很大的压力。塑料垃圾的回收处理、再利用都是亟待解决的问题。

2007年我国颁布了《国务院办公厅关于限制生产销售使用塑料购物袋的通知》，目的是限制和减少塑料袋的使用，遏制"白色污染"。十多年来，非环保型塑料袋仍然在我们的生活中随处可见，甚至成为人们的"生活必需品"，尤其是外卖、快递等行业使用频率极高。2020年9月1日起，我国正式施行最新版《中华人民共和国固体废物污染环境防治法》。新固废法明确固体废物污染环境防治坚持减量化、资源化和无害化原则。坚持垃圾分类，倡导绿色低碳生活方式，再次加强了对"塑料"使用、回收、处理、再利用的管理，也为我们的项目开展提供了非常有力的保障。

为了利用这些放错位置的资源建设美化我们的校园，提高废旧塑料瓶的再利用率，助力同学们积极开展垃圾分类活动，增强环保意识，我们开展对校园内废旧塑料瓶的使用情况调查。并利用这些废旧的塑料瓶进行创意化，设计制作成废旧塑料瓶专用回收桶，让它们再次实现自身价值。

二、活动目的

了解我校学生日常塑料制品使用情况和处理塑料制品的方式。

积极开展废旧塑料瓶的回收再利用活动。

学生自主收集管理日常校园中的废旧塑料瓶，创意制作废旧塑料瓶回收桶，用于进一步开展校园垃圾分类的工作，增强大家充分利用资源的意识。

　　进行塑料瓶回收，帮助大家更好地开展垃圾分类活动，充分利用学生日常产生的可回收资源，积极探索建设"无废校园"的途径，倡导绿色低碳生活。

三、活动思路

　　经过小组多次讨论，我们梳理了本次的活动思路，如图4-5-1所示。

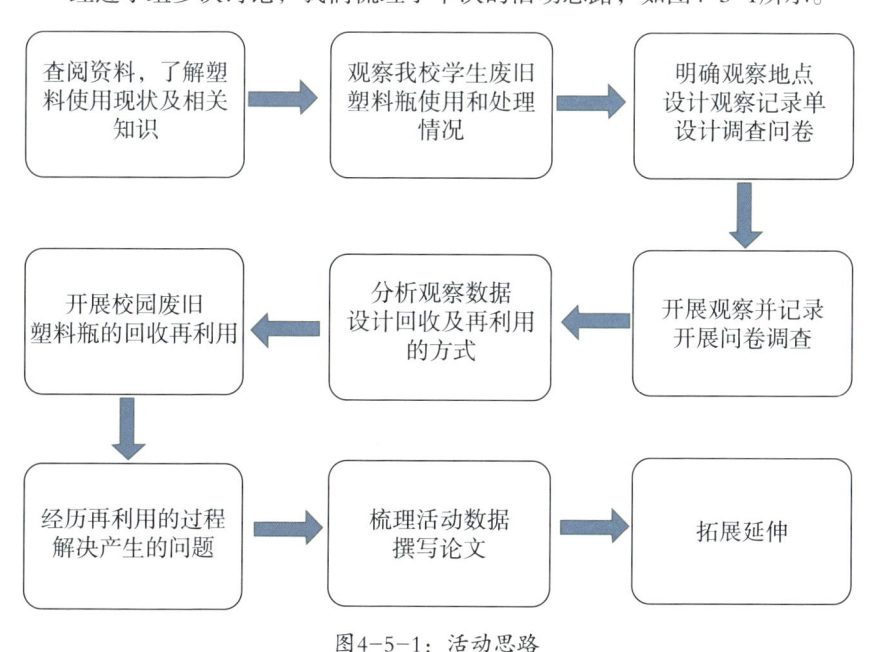

```
查阅资料，了解塑料使用现状及相关知识 → 观察我校学生废旧塑料瓶使用和处理情况 → 明确观察地点 设计观察记录单 设计调查问卷
                                                                              ↓
开展校园废旧塑料瓶的回收再利用 ← 分析观察数据 设计回收及再利用的方式 ← 开展观察并记录 开展问卷调查
    ↓
经历再利用的过程 解决产生的问题 → 梳理活动数据 撰写论文 → 拓展延伸
```

图4-5-1：活动思路

四、活动安排与前期准备

（一）人员分工

表4-5-1：小组成员分工表

时间阶段	任务内容	参与人员	任务分工
准备阶段	确定课题名称 进行论证分析	李昊天 汤承志	准备工具材料（李） 问卷调查（汤） 撰写研究方案（李） 设计记录表格（汤）
实施阶段	开展问卷调查 进行实地考察 制订回收再利用方案 开展回收再利用		问卷调查（汤） 实地考察（汤、李） 过程拍照（李） 方案设计（汤、李） 回收再利用（李、汤）
总结阶段	撰写报告和PPT		数据整理及分析（汤） 撰写报告、PPT（李）

（二）研究工具与材料

写字板、观察记录单、签字笔、剪刀、胶棒、热熔胶棒、热熔胶枪、彩纸、金属丝、钳子、护目镜、手套等。

（三）研究方法

1.查阅文献法

通过百度文库和中国知网，利用塑料、限塑等关键词查阅塑料的特点、使用现状及限塑工作的落实等相关情况。在百度搜索中输入"塑料制品改造"等关键词，查找塑料制品回收再利用的实例，作为后续工作开展的基础。

2.观察法

设计观察记录表，根据实际情况，安排观察员，观察我校学生塑料瓶使用和处理情况并进行记录。

3.问卷调查法

利用"问卷星"开展线上问卷调查，了解学生对废旧塑料瓶回收桶的需求，以及对回收桶的设计、使用位置等有哪些想法。

五、活动实施

（一）发现并提出问题

自2020年9月1日起，我国正式施行最新版《中华人民共和国固体废物污染环境防治法》。新固废法明确固体废物污染环境防治坚持减量化、资源化和无害化原则。倡导绿色低碳生活方式首先就要在校园中实行。

（二）调查研究

经讨论，我们决定从垃圾中的可回收物开始，但可回收物种类繁多，我们进行了进一步的讨论，塑料瓶是校园中最适合我们进行研究的固体废物。

同时我们也通过访谈验证了开展校园废旧塑料瓶回收再利用行动的可行性。我们对家长、老师、同学以及学校校工进行了线下访谈。访谈中我们了解到，大家垃圾分类意识都很强，能够充分意识到垃圾分类对校园环境改善的意义。同时大家也认为在校园中开展废旧塑料瓶的回收再利用很有可行性。

项目开展初期，我们在校园中进行观察。在班级中展开了为期10天的持续观察，我们发现学生有时会将使用后的塑料瓶丢弃到其他垃圾桶，或者遗忘在校园的各个角落。通过班级内持续观察数据来看，在9月29日至10月26

日这段时间，班级每天会产生10个以上的塑料瓶，其中平均有5个废旧塑料瓶会被大家丢弃到其他垃圾桶中。同时我们在家庭调查中也发现同种情况。

（三）设计方案

1.回收

通过多次组内讨论、师生讨论，我们明确了校园中废旧塑料瓶回收的四种方式。方式1：在校园内规定固定投放点，并通过演讲和广播等多种形式进行宣传，呼吁大家将废旧塑料瓶放置在指定位置。方式2：设立班级废旧塑料瓶回收专员，每天收集塑料瓶，放学后交到学校指定位置。方式3：鼓励大家收集家庭废旧塑料瓶，并带到学校，放在指定位置。方式4：与专业教室老师、食堂老师进行沟通，主动上门收集校园中的废旧塑料瓶。

2.再利用

在老师的指导下，我们决定后期将废旧塑料瓶先进行分类，再根据瓶子的特点进行处理。将造型多样、规格不一的塑料瓶整理卖掉。将卖瓶的钱作为再利用资金，购置耗材。将规格一致的塑料瓶进行创意制作，并将制作作品用于校园文化宣传、开展社区爱心义卖，作为"手拉手"学校的小礼物等。

（四）方案实施

1.塑料瓶的回收与整理

经多渠道回收，我们收集了很多废旧塑料瓶，然后我们对塑料瓶进行了整理和分类，将瓶盖和可利用的塑料瓶留下来用于装饰校园和创意制作，将不能利用的卖掉。

2.塑料瓶的再利用

我们利用废旧塑料瓶制作了垃圾桶、失物驿站、"真箱"、电池回收桶、打地鼠机、花盆、雨伞收纳装置、桌面收纳装置。利用瓶盖进行了爱心墙的装饰，制作了校徽。我们将制作的一些创意物品进行了爱心义卖。

3.制作回收废旧塑料瓶垃圾桶

发现校园中产生的最多的垃圾是塑料瓶后，我们提出在各层楼道内专门放置一个回收废旧塑料瓶的回收桶。对于回收桶的放置，我们利用"问卷星"开展了问卷调查，了解同学们的想法。调查中，我们发现校园中62.5%的同学日常会有意识地回收一些可回收的塑料垃圾，如图4-5-2所示。我们在设计过程中，就要加强垃圾分类的宣传，增强更多同学的分类意识。同时，在调查中，我们发现仅有30.92%的学生认为回收后废旧塑料瓶还有很大的利用价值，如图4-5-3所示。看来大家对废旧塑料瓶资源的再利用意识还有很大提升空间，我们可以用行动带大家见证如何将放错位置的资源再利用。在调查回收桶放置位置时，69.74%的同学认为放在楼道中间位置合适，如图4-5-4所示。虽然这个位置从班级到放置点的距离来考虑相对比较合适，但我们经过实地考察，认为放在男厕所外的垃圾桶旁更合适，这样不妨碍大家出行。

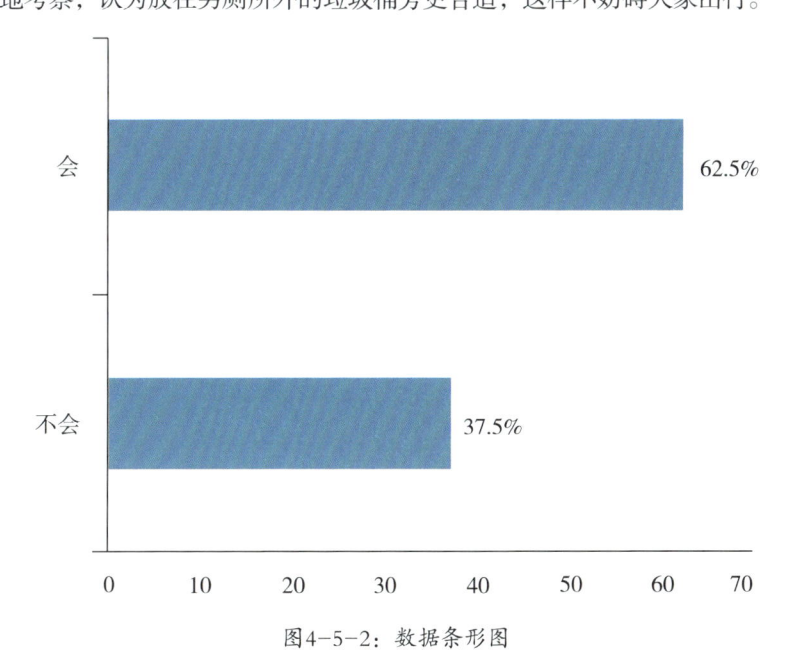

图4-5-2：数据条形图

图4-5-3：数据柱状图

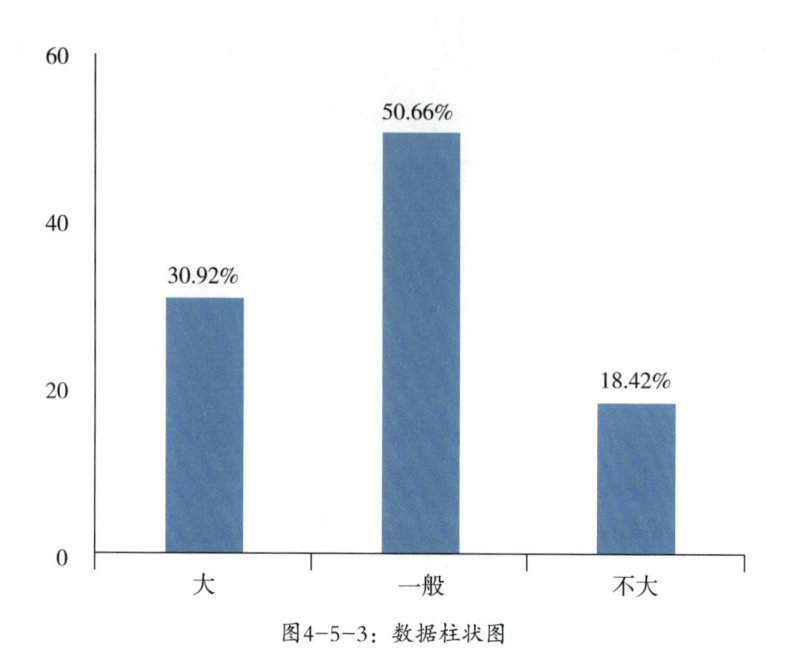

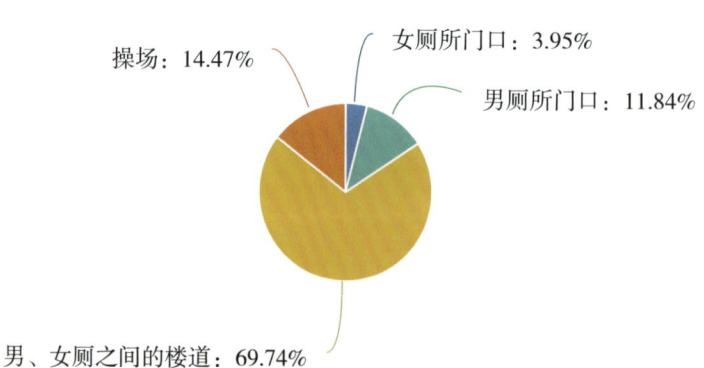

操场：14.47%
女厕所门口：3.95%
男厕所门口：11.84%
男、女厕之间的楼道：69.74%

图4-5-4：数据饼状图

  设计过程中，我们两人有不同的想法和思路，对于结构要求也是各执一词。于是我们分别绘制了设计草图，如图4-5-5、图4-5-6所示。

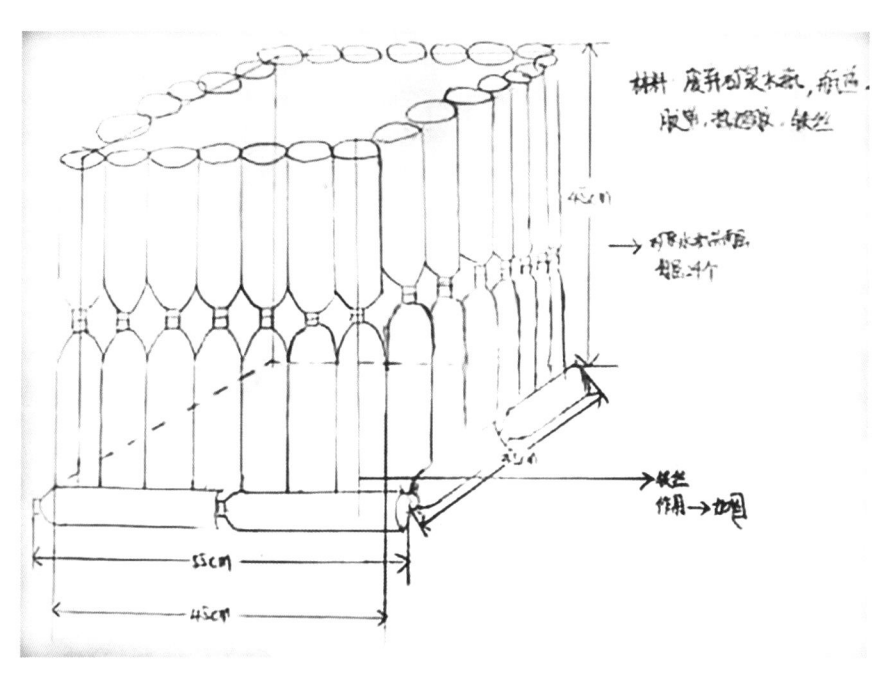

图4-5-5：方案一李昊天设计图

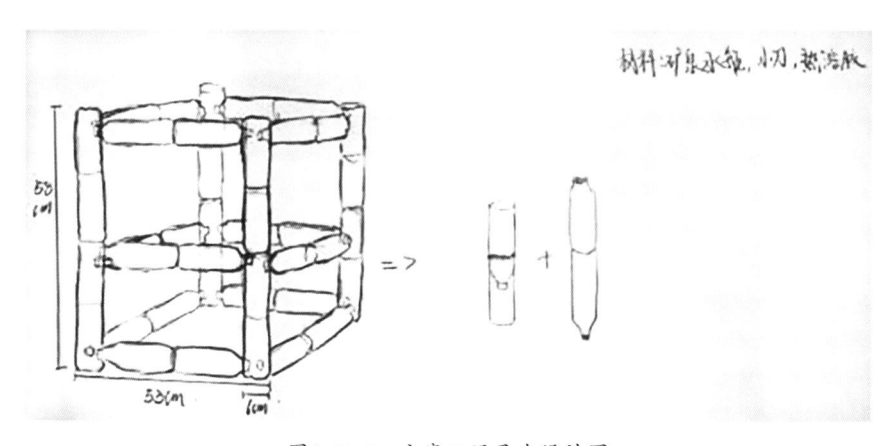

图4-5-6：方案二汤承志设计图

李昊天的设计最大的特点是稳定性好，但是使用的材料较多。汤承志的设计特点是结构性强，但由于材料自身特点，结构的稳定性较李昊天的设计稍显逊色。

因两种方案制作的回收桶都有一定的缺陷，所以我们决定合二为一，互相弥补。取方案一的底座，增强稳定性；方案二容量大，可以很好地收集废旧塑料瓶。同时，我们利用卖瓶的钱购买了绿色的不织布，并利用废旧塑料瓶盖制作了校徽，进一步开展了回收桶的美化工作。经过我们不断调整和优化，最终完成了校园废旧塑料瓶回收桶的制作，如图4-5-7所示。

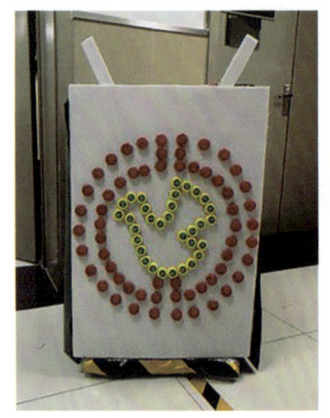

图4-5-7：自制回收桶　　　　　　图4-5-8：宣传文案

经学校德育处、总务处领导批准，撰写试运行草案，同时邀请到了学生会干部们志愿值岗，一同关注回收桶的使用情况。在放置回收桶时，我们结合前期问卷调查结果和我校的实际情况，将回收桶放置在四层男厕所外其他垃圾桶旁。为了提高使用效果还提前制作了宣传文案，如图4-5-8所示，通过班级群、朋友圈进行了宣传，受到了很多同学的关注。这也成了我们回收塑料瓶的一个方式。

我们还尝试将制作的创意物品进行社区爱心义卖，但是由于制作物品吸引力不强，没有卖出创意作品。

六、活动反思

在活动过程中，我们制作了许多创意作品。在这个过程中，不仅提高了动手能力，我们对"减塑"也有了新的认识。通过阅读文献，我们学习到了其中的碳足迹知识，进一步了解到了"减塑"行动的生态价值。

我们在卖完瓶子后得到42.5元，这些钱就用来购买我们进行创意制作所需的材料，完成创意制作后，我们通过创意作品回收更多的塑料瓶，再售卖，再进行制作，循环往复。这种设想改变了我们的经济消费观念，在日常生活中会丢掉的我们认为没有用的东西，在某种程度上，是有价值的，把这些东西收集起来，价值不可估量，所以我们要充分利用资源，最大限度地创造价值。

爱心义卖时，没有人关注我们的商品，经过讨论发现，原因在于我们所制作的东西不太适用于大众，而更适用于学校，我们的作品不符合市场需求，所以才会失败。这也让我们意识到在设计前一定要明确使用对象的需求，才能让产品更有价值。

七、创新亮点

活动前，废旧塑料瓶在我们眼中不过是一个可回收物的垃圾。活动中，我们不断发现它们是放错位置的资源，这些资源可以创造出很多价值。

通过本次活动，我们不仅逐步感受到了其中蕴含的生态价值，还在实践中不断感受到其中的消费观念，合理利用每一份资源，不仅对环境保护有重要意义，还能让我们意识到资源的经济价值。

八、收获与体会

在本次活动中，其实最困难的，并不是回收桶的设计制作，而是推行过程中与总务部主任的沟通环节。该环节我们要合理运用语言，准备好完整的方案和计划，在最终协商完成后才能完成投放。一个项目不仅仅是制作，其中还包含很多复杂的程序。

这次活动让我们每个人都很好地展现了自身的能力，让我们知道了团队的重要性，从一开始的调查，到设计，到制作，再到应用，我们都尽心尽力，结果自然是好的，这个项目的目的是要帮助同学们增强垃圾分类的意识，让可回收资源被再次利用，归根结底还是想保护资源，保护环境，保护地球，不要因为科技的发展而毁掉我们的家园。

限定空间内蜜蜂的访花选择
——以奥林匹克森林公园为例

王泽达、赵翰茗　北京市陈经纶中学分校东湖湾校区
辅导教师：王冉冉

一、研究背景

昆虫在大多数被子植物的传粉过程中扮演着举足轻重的角色，它们通过访问花朵来完成这一工作。植物为昆虫提供花蜜、花粉，甚至是花器等食物，吸引昆虫到访，而昆虫在访花过程中则沾上花粉，从而在访问下一朵同种植物的花时将身上沾的花粉传播到其柱头上，完成传粉。在漫长的演化过程中，很多植物为了专化性地吸引某一类群的昆虫（如专门吸引蝇类或专门吸引蝴蝶），演化出了一些特定的花朵性状组合，在科学上被称为"传粉综合征"[1]。传粉综合征包括花的颜色（包括不可见光）、形状、气味、是否提供花蜜等。

在所有的传粉昆虫当中，蜜蜂是尤为重要的类群。相比于其他的访花昆虫类群，蜜蜂的优势包括：与花朵接触面积大；因为需要采集花蜜和花粉，所以与花朵接触时间长；体毛多，因此除去后足的花粉篮，身体上携带的花粉也很多[2]；飞行速度快，活动范围大；部分种类群居，有社会性，个体数量大。很多研究证据表明，除了保证基本的传粉需求，相比人工授粉，蜜蜂传粉对很多农作物种类的坐果率和果实品质有很大的提升作用[3]。

蜜蜂类（*Anthophila*）昆虫在科学上的定义，是膜翅目（*Hymenoptera*）蜜蜂总科（*Apoidea*）下的一个支序，该总科下除了蜜蜂类还有一个营寄生生活的支序"泥蜂类"（*Spheciformes*）。[4]蜜蜂类（以下如无特殊说明，全部简称为"蜜蜂"）共七个科，已知有16000余种[5]，中国分布有其中的六个科[6]（《中国动物志》）。蜜蜂在体型和社会性程度上存在巨大的内部差异，大多数蜜蜂独居，独立照顾后代，只有如蜜蜂属（*Apis*）、熊蜂属（*Bombus*）和隧蜂属（*Halictus*）等少数类群具备较为高级的社会结构[6][7]。蜜蜂拥有进化的嚼吸式口器，既可夹持物体，也可吸取液体，其访花的目的是获取花蜜和花粉作为自身以及幼虫的口粮，但除了蜜蜂属，其他蜜蜂并无酿造蜂蜜的习性。

二、研究目的

不同的蜜蜂种类具备不同的访花种类偏好性[8][9][10]，这是由花的各方面特征决定的。那么，在一个限定的空间内，当面对有限的花种类选择时，自然存在的野生蜜蜂又会如何选择？它们的选择是否受到花的某项性状的影响？这是本研究想要探究的问题。我们将被研究的"限定空间"

选择为北京奥林匹克森林公园，这里有大量人工种植的园艺花卉，也有大量的野生植物，当一种蜜蜂进入这片限定空间时，它会选择什么样的花进行访问？我们希望通过野外调查和实验室分析得到答案。

三、研究方法

本研究第一阶段为野外采集，以花的种类为线索，采集各种花上来访的蜜蜂标本，并整理存档。第二阶段，鉴定蜜蜂种类，整理各种花与传粉相关的性状，运用网络分析法分析两者之间的对应关系，找到对蜜蜂的选择影响最大的性状。

四、研究过程

野外采集的地点是北京奥林匹克森林公园，共进行了六次，日期分别为2020年6月2日、6月20日、8月4日、9月17日、9月18日和9月19日。使用的工具为捕虫网、毒瓶、1.5毫升收集管、剪刀、自封袋、记号笔。具体采集方法为：寻找成丛的开花植物，在每种植物旁边蹲守了近一小时，一旦发现有蜜蜂停落在花上开始访花，就对其进行扫网采集，采集后的蜜蜂用1.5毫升收集管装好后，用记号笔在管盖上标记植物名称或编号。植物材料被拍照、剪下，用自封袋装好，装入标签，浸泡在95%乙醇和甘油的混合溶液中，用于鉴定和存档。植物的鉴定采用肉眼识别、拍照请教植物学专家和对照检索表的方式进行，植物的分类系统采用最新修订的线上版《中国植物志》。

回到实验室后，将同种植物上采集到的蜜蜂集中用毒瓶处死后，插针，制作成干燥标本，标签注明在何种植物的花上采集。鉴定蜜蜂采用的是《中国动物志》中的检索表。[6][7]

用于分析的植物花朵特征被列在表4-6-1中，在不具备化学挥发物检测条件的情况下，我们选取了三项物理性状。其中"颜色"一栏，包括花冠、花萼（如为单被花）和苞片（如有）的颜色，如其只有一种主要颜色，则填一种，如有两种主要颜色，则填两种，蜜蜂可能是受到了其中一种或者两种的吸引，这里我们统一考虑为两种；"是否有停落平台"指的是一种植物是否有头状花序、伞状花序、伞房花序或聚伞花序，很多小花共同构成一个宽阔的平面或平缓弧面，方便访花昆虫停落在上面；"是否有花筒"指的是一种植物是否具备显著的筒状花冠（如各种唇形目植物）、闭合的龙骨瓣（如各种豆科植物）或距，使蜜蜂必须整个钻进其中，或者用长喙伸入其中，才能获取花蜜。

表4-6-1：受调查植物的花朵特征

植物	颜色	是否有停落平台	是否有花筒
白花车轴草 *Trifolium repens*	白	否	是
紫苜蓿 *Medicago sativa*	紫	否	是
胡枝子 *Lespedeza bicolor*	紫	否	是
草木樨 *Melilotus officinalis*	黄	否	是
黄荆 *Vitex negundo*	紫	否	是
蒙古莸 *Caryopteris mongholica*	紫	否	是
糯米条 *Abelia chinensis*	白	否	是
败酱 *Patrinia scabiosifolia*	黄	是	否
日光菊 *Heliopsis scabra*	黄	是	是
尖裂黄瓜菜 *Paraixeris serotina*	黄	是	是

续表

植物	颜色	是否有停落平台	是否有花筒
二色金光菊Rudbeckia bicolor	黄/褐	是	是
天人菊Gaillardia pulchella	黄/红	是	是
紫菀属某种Aster sp.	紫/黄	是	是
金鸡菊Coreopsis basalis	黄	是	是
紫菀Aster tataricus	紫/黄	是	是
飞蓬Erigeron acris	白	是	是
欧亚旋覆花Inula britannica	黄	是	是
山马兰Aster lautureanus	紫/黄	是	是
粉花绣线菊Spiraea japonica	粉	是	否
珍珠梅Sorbaria sorbifolia	白	是	否
茶荚蒾Viburnum setigerum	白	是	否
萝藦Metaplexis japonica	紫	否	否
紫薇Lagerstroemia indica	紫/黄	是	否

五、研究结果

（一）蜜蜂种类与植物种类的对应性

蜜蜂的鉴定结果和其所访问的植物种类列在表4-6-2中。本研究共采集到了21种蜜蜂，分别来自蜜蜂科、切叶蜂科、隧蜂科和分舌蜂科，而地蜂科（Andrenidae）的物种虽然此前在奥林匹克森林公园有多次目击，但在本调查中并未采集到；蜜蜂共采自23种植物，分别来自豆科（Fabaceae）、唇形科（Lamiaceae）、忍冬科（Caprifoliaceae）、菊科（Asteraceae）、蔷薇科（Rosaceae）、五福花科（Adoxaceae）、夹竹桃科（Apocynaceae）和千屈菜科（*Lythraceae*）。

表4-6-2：蜜蜂种类的鉴定结果及其所对应的植物种类

蜜蜂科 *Apidae*	
西方蜜蜂 *Apis mellifera*	白花车轴草，黄荆，蒙古莸，紫苜蓿，日光菊，尖裂黄瓜菜，二色金光菊，天人菊，紫菀属某种，粉花绣线菊
棒突芦蜂 *Ceratina satoi*	金鸡菊，蒙古莸，胡枝子
黄芦蜂 *Ceratina flavipes*	紫菀，黄荆，蒙古莸
艳斑蜂属 *Nomada sp.*	二色金光菊，糯米条，飞蓬，欧亚旋覆花
绿条无垫蜂 *Amegilla zonata*	胡枝子
四条蜂属 *Tetralonia sp.*	胡枝子
切叶蜂科 *Megachilidae*	
切叶蜂属 *Megachile sp.*	日光菊，草木樨，紫苜蓿，金鸡菊，二色金光菊，粉花绣线菊，天人菊
北方小黄斑蜂 *Anthidiellum borealis*	紫苜蓿
小孔蜂 *Heriades parvula*	黄荆
分舌蜂科 *Colletidae*	
分舌蜂属 *Colletes sp.*	紫菀
叶舌蜂属 *Hylaeus sp.*	蒙古莸，粉花绣线菊，二色金光菊
隧蜂科 *Halictidae*	
蓝彩带蜂 *Nomia chalybeata*	胡枝子
铜色隧蜂 *Halictus aerarius*	粉花绣线菊，山马兰，蒙古莸，紫苜蓿，紫菀，黄荆，草木樨，糯米条，珍珠梅，飞蓬
隧蜂属2 *Halictus sp. 2*	糯米条，蒙古莸，紫薇，胡枝子
隧蜂属3 *Halictus sp. 3*	紫菀
隧蜂属4 *Halictus sp. 4*	二色金光菊
红腹蜂属 *Sphecodes sp.*	山马兰

续表

淡脉隧蜂属1 *Lasioglossum sp. 1*	茶荚蒾，败酱，黄荆
淡脉隧蜂属2 *Lasioglossum sp. 2*	珍珠梅，萝藦
淡脉隧蜂属3 *Lasioglossum sp. 3*	糯米条，欧亚旋覆花，山马兰，日光菊，草木樨，二色金光菊
淡脉隧蜂属4 *Lasioglossum sp. 4*	蒙古莸，紫菀，糯米条，欧亚旋覆花

从蜜蜂—植物的物种对应关系来看，只有9种蜜蜂是在单一植物上采集到的，其中蓝彩带蜂在胡枝子上可以重复采集到，几乎可以认定为专化性访问胡枝子花；反过来，从植物—蜜蜂的物种对应关系来看，只有白花车轴草、萝藦、紫薇、败酱和尖裂黄瓜菜这4种植物上只采集到了一种蜜蜂。蜜蜂与植物严格一一对应的例子一个也没有。

（二）蜜蜂种类与植物花性状的相关性

通过相关性网络结构图（见图4-6-1），我们展示了蜜蜂种和科与三项植物花性状的对应关系。

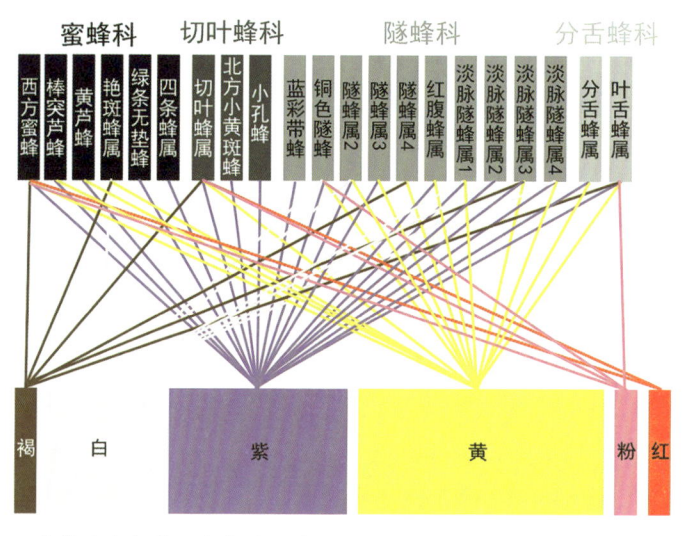

图4-6-1：蜜蜂种类与花朵颜色对应关系网络图
注：如一种蜜蜂选择了颜色多于一种的某花，仍以一条线计。

除去两种不独立存在的颜色（红色和褐色），余下四种颜色中，蜜蜂种类的选择率分别为：白色38.1%，紫色90.1%，黄色71.5%，粉色19.0%。比例突出的是紫色和黄色。仅有两种蜜蜂没有访问紫色的花，其中隧蜂属4仅采集到了一头，因此无法确定它是否真的不会选择紫色；另一种没有访问紫色花的是艳斑蜂属，该种的采集数量较大，它在花朵选择中表现出了明显的黄色和白色偏好性。9种仅在一种花上采集到的蜜蜂中，8种是在含有紫色的花上采集到的。粉色的花种类在调查样本中出现频率很低，从这个角度看，选择它的蜜蜂种类（4种）并不很少，但其中3种都是数量众多，选花范围较宽（西方蜜蜂、切叶蜂属和铜色隧蜂）。

除去8种采集数量极少的，仅在一种花上采集到的蜜蜂（保留蓝彩带蜂），剩余的种类中，在"是否有停落平台"这一项上，有偏好性的仅有被认定为专化性访问胡枝子的蓝彩带蜂一种，其余种类均不挑剔是否有停落平台。对同样的样本而言，在"是否有花筒"方面，偏好有花筒性状的种类有5个（棒突芦蜂、黄芦蜂、艳斑蜂属、淡脉隧蜂属3、淡脉隧蜂属4），偏好无花筒性状的种类有1个（淡脉隧蜂属2）。

六、结果分析与讨论

从结果来看，在奥林匹克森林公园的范围内，蜜蜂在选择花朵的物理性状时，更多倾向于选择紫色和黄色，在是否有停落平台方面不会有偏好。根据Fenster等[11]对"蜜蜂型传粉综合征"的定义，蜜蜂更偏好蓝色或黄色的花，这一理论与我们的研究结果相符。奥林匹克森林公园未种植或生长纯粹的蓝色花，取而代之的是蓝色和红色的中间色——紫色（purple，不同于太阳光谱中的"紫色"violet），它同时向外传递蓝色和红色两种波长的光，大多数蜜蜂都选择了至少一种带有紫色的花。研究中也发现了一些未有蜜蜂访问的花，最突出的是公园中广泛种植的几种蔷薇属（*Rosa*）植物，它们或是重瓣，花蕊包裹在内，或是单瓣，花蕊开放，共有的特征是花色为粉红至红色。白色花对蜜蜂的吸引力居中，在传粉综合征的理论中，白色属于泛化型综合征的特点之一，它的光谱最为复杂，对各类昆虫的吸引力比较均衡。

少数蜜蜂种类专门挑选有花筒的植物种类访问，这些种类全部是体长在6mm以下，体宽在2mm以下的小型蜂种，更擅长钻进唇形目植物的花筒或者菊科植物的管状花中吸取花蜜。但这并不代表小型蜂种不会选择无花筒的花。花筒的存在对于来访蜜蜂的体型大小和喙长度都存在筛选作用，但是在本研究的结果中，这一点并未得到体现。原因可能是受调查的花都没有过于长或者窄的花筒。蜜蜂体型大小与花是否有花筒这一性状的相关性仍然存疑。

蜜蜂对是否有停落平台没有偏好性，很可能是因为自身较强的运动能力。实际观察中发现，蜜蜂可以用有力的足攀附在唇形花和蝶形花冠下面，同时用翅扇动助力，这样便可不跌落下去，接着将头部，或者仅仅是喙伸入花筒或者龙骨瓣，就可完成对花蜜和花粉的收集。同样的任务对于其他类群，如蚜蝇或者蝴蝶（除了弄蝶）来说，往往是较难完成的。

七、研究结论

从物种调查的总体结果来看，奥林匹克森林公园具有很大的蜜蜂物种多样性，其中人工饲养的西方蜜蜂并不占据绝对优势，也不覆盖所有的植物花朵。要维持整个公园范围内园艺和野生植物的正常传粉，需要具有访花偏好性的各种野生蜜蜂，以及其他所有的访花昆虫共同作用。因此，在公园及周边环境的管理中，注意保护野生蜜蜂的筑巢环境，少施用、不施用农药，留意对野生蜜蜂的保护，是十分有必要的。

参考文献

［1］Van Der Pijl, L.（1961）Ecological aspects of flower evolution. II.［J］Zoophilous flower classes. Evolution 15：44—59.

［2］李依镁.（2019）蜜蜂对园艺生产的意义——以草莓为例［J］.蜜蜂杂志,（9）：16—19.

［3］梁盛凯，洪日新，周大维，陆启皇，孙甜，秦献泉，覃斯华，陆宇明.（2018）广西荔枝蜜蜂访花行为及授粉效果研究［J］.西南农业学报, 31（12）：2723—2728.

［4］Sann M., Niehuis O., Peters R.S., Mayer C., Kozlov A., Podsiadlowski L., Bank S., Meusemann K., Misof B., Bleidorn C., & Ohl M.（2018）Phylogenomic analysis of Apoidea sheds new light on the sister group of bees［J］. BMC Evolutionary Biology, 18：71.

［5］Michener C.D.（2000）The Bees of the World［M］. Baltimore：Johns Hopkins University Press. pp. 19—25.

［6］吴燕如,（2000）中国动物志（昆虫纲, 第二十卷, 膜翅目：准蜂科蜜蜂科）.［M］北京：科学出版社, 442.

［7］吴燕如,（2006）中国动物志（昆虫纲, 第四十四卷, 膜翅目：切叶蜂科）.［M］北京：科学出版社, 474.

［8］黄敦元, 谷平, 余江帆, 黄名广, 彭飞, 何波, 牛泽清, 朱朝

东（2014）大分舌蜂的栖息地环境和访花规律.［J］环境昆虫学报，36（3）：315—321.

［9］蒙艳华，徐环李.（2007）海切叶蜂的筑巢和访花行为.［J］昆虫学报，50（12）：1247—1254。

［10］何波，黄敦元，苏田娟，牛泽清，谷战英，朱朝东.（2016）白斑切叶蜂的生物学特性观察.［J］环境昆虫学报，38（6）：1237—1244.

［11］Fenster, CB., Armbruster, WS, Wilson, P., Dudash, MR., & Thomson, JD.（2004）Pollination syndromes and floral specialization.［J］Annual Review of Ecology and Systematics, 35（1）：375—403.

关于人行道行道树间路砖增加城市绿地面积的研究与建议

周熙容　清华大学附属中学广华学校
辅导教师：袁浩、杨芳菲

一、背景及目的

生态文明在国家建设中一直有着十分重要的意义。绿水青山就是金山银山，保护生态环境就是保护生产力，改善生态环境就是发展生产力。北京作为首都，在建设美丽中国、绿色中国中发挥着重要的作用。

城市绿地在城市里发挥着十分重要的作用，包括：碳汇制氧、防疫杀菌、吸收放射性物质、净化水源、防噪、防风固沙、防治水土流失等。按照《北京市"十四五"时期智慧城市发展行动纲要》的要求，既然城市绿地这么重要，那么，有没有什么办法可以既不影响人们的生活，又可以增加城市的绿地面积呢？今年暑假，我原来居住的小区为了增加停车位，在原来的草地上铺上了一种草坪地砖,它和普通的地砖不同,它的中间是镂空的,有圆孔、方孔、菱形孔等各种形状的孔,车可以停在上面不碾压到土壤,小草还是照样可以生长。我注意到,在人行道的行道树之间的路面,很少有人走,用来停放自行车的时候也很少。因此我产生了将行道树树间区域的地砖替换为镂空草坪砖的想法。这样做既能保留行道功能,又能增加绿地面积,为北京的美丽环境做出贡献。

二、分析讨论

(一)科学依据

为尽可能多地增加城市绿地面积,我建议在所有城市道路两侧行道树树间的地面都铺设草坪砖。更换草坪砖需满足一些要求:1.不影响现有功能;2.镂空部位可以生长植物;3.应用后绿地的面积显著增加。

在假期时通过实地调查,发现经过行道树树间区域的人数占比不到10%,数据说明行道树之间的区域很少有人经过,所以更换地砖后不影响原有功能。

表4-7-1:行道树树间区域通过行人统计

	通过人行道总人数/人	通过行道树间人数/人	人数比/%
时间段1	70	5	7.1
时间段2	87	11	12.6
时间段3	81	6	7.4
时间段4	96	7	7.2
总计	334	29	8.6

通过查阅资料得知,北京市常用绿化草均为低矮草本植物,可以在空

间较小的圆形镂空中生长，且生存条件要求不高，而行道树之间很少有人员走动，所以草地受踩踏影响微乎其微，因此植物可以在镂空部分正常生长。

更换镂空草坪砖后北京市绿地面积显著增加。更换地砖的区域为图4-7-1中蓝色区域，绿色代表树坑，白色为普通地砖区域。所使用的地砖是镂空面积：不镂空面积=1：1的地砖。通过实地测量可知，行道树区域的宽度约为1.5米，人行道的宽度约为3.3米。通过计算可知，在这些地方全部换成镂空草坪砖后，约有22.7%（占总人行道面积）的面积会变成绿地。以我所在小区为例，环绕小区的人行道约有1.4千米。按照此方法铺设后，将会有约1050平方米的地方成为绿地。

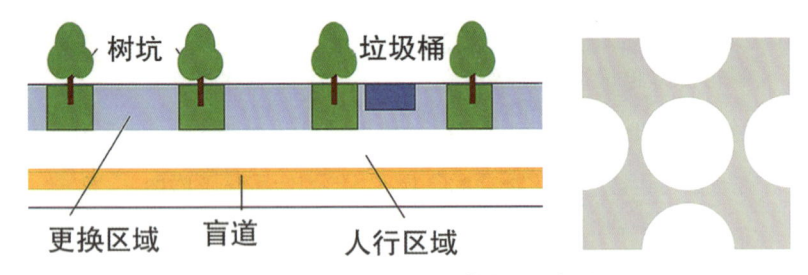

图4-7-1：行道树间路砖更换示意图

10米的人行道中：
总面积为：
3.3×10=33平方米
行道树及之间区域面积：
1.5×10=15平方米
绿化面积（含原树坑面积）：
1/2×15=7.5平方米
绿化面积比：
7.5：33×100%≈22.7%

图4-7-2：行道树间路砖铺设示意图

（二）实施建议

重新铺设北京市城区所有行道树之间的行道砖工程量较大，对现有的交通及居民日常出行影响也较大，是对已有道路资源的一种巨大浪费。因此，我建议对行道树之间草坪砖的铺设工作进行逐步分批实施：对于新铺设的道路，如果道路两侧按照市政标准需要栽种行道树的话，直接在行道树树坑之间铺设镂空草坪砖。对于到达年限应更换的道路，重新铺设时再选用镂空草坪砖而不是原来的普通砖，这样可以避免对已有资源的浪费。其次是地砖的选择。由于美化城市的需要，可选择不同类型的镂空、颜色，组合成不同的图案。为了使地砖的支撑性足够强，使用年限较长，并且留出足够的绿化面积，可以选用镂空面积：不镂空面积=1∶1的地砖。

三、研究结论

综上所述，将行道树间普通地砖更换为草坪地砖，既不影响人行道功能，还能有效增加城市绿地面积，美化城市环境。这项建议将为北京的生态环境建设和营造美丽宜居氛围做出贡献。

多糖涂膜替代保鲜膜增强梨保鲜效果减少塑料污染的研究

张昕冉、孟子麒、刘婧　首都师范大学附属密云中学

辅导教师：曹丽娜、程慧、郭雪

摘要：

　　保鲜膜是我们生活中常用的塑料产品，消耗量很大，而且在使用时还存在很多的弊端，并不能很好地起到保鲜的效果。尤其是在应对鲜切水果时，很多水果在保鲜膜的保鲜下依然发生褐变、变软、营养物质流失等现象。而梨在切开后，褐变和营养流失会更明显，但是梨有降火清心、润肺生津、化痰止咳等功效，适宜推广食用。那么是否可以找到一种物质替代保鲜膜，提高保鲜效果呢？通过查阅资料选择了两种可食性涂膜（卡拉胶和魔芋葡甘聚糖）探究其对提升梨的保鲜效果的影响。本文以雪花梨、黄土坎鸭梨和红肖梨为鲜切梨原材料，以失重率、感官评定、硬度、褐变度、糖度、可滴定酸为评价参数，研究了抗氧化剂柠檬酸与魔芋葡甘聚糖和卡拉胶两种多糖类化合物制成的可食性复合涂膜对鲜切梨的保鲜效果，为鲜切梨提供更天然、更

安全、更健康、更环保的方法。以此来替代传统的保鲜膜，不仅能提高保鲜效果，而且可以减少塑料污染，利于环境保护。

关键词：可食性复合涂膜；魔芋葡甘聚糖；卡拉胶；鲜切梨；保鲜效果

一、研究背景

保鲜膜是我们生活中常用的塑料产品，消耗量很大，而且在使用时还存在很多的弊端，并不能很好地起到保鲜的效果。市场上出售的绝大部分保鲜膜和常用的塑料袋都是以不同规格的保鲜膜母料为原材料，根据乙烯母料的不同种类，保鲜膜可分为三大类。第一种是聚乙烯，简称PE，这种材料主要用于食品的包装，我们平常买回来的水果、蔬菜用的保鲜膜，包括在超市采购回来的半成品食品的包装都用的是这种材料；第二种是聚氯乙烯，简称PVC，这种材料也可以用于食品包装，但它对人体的健康有一定的影响；第三种是聚偏二氯乙烯，简称PVDC，主要用于一些熟食、火腿等产品的包装。这三种保鲜膜中，PE和PVDC这两种材料的保鲜膜对人体是安全的，可以放心使用，而PVC保鲜膜含有致癌物质，对人体危害较大，因此，在选购保鲜膜时，应选用PE保鲜膜。此外，保鲜膜并没有起到很好的保鲜效果，尤其是梨在切开后，褐变和营养流失会更明显。

鲜切水果是指经过轻加工处理后可直接食用的水果。由于鲜切水果有方便、快捷、卫生等优点，因此具有广阔的市场。[1]

梨在我国产量较高，但大部分梨易腐烂，只有少数梨具有易储藏的特点。梨有降火清心，润肺生津，化痰止咳等功能。[2]其中在北京市内较为常见的梨有雪花梨、黄土坎鸭梨和红肖梨。

可食性复合涂膜是指由多糖、蛋白质、脂质等天然原料加上一些保鲜效果显著的试剂形成的膜，它们能适当阻塞水果表面的气孔和皮孔，减少水分的蒸发，改善果蔬外观品质，提高商品价值。本研究以应用广泛的可食性天然高分子多糖、魔芋葡甘聚糖和卡拉胶作为膜基质，同时加入抗氧化剂柠檬酸，制成可食性复合涂膜提升鲜切水果保鲜效果。最后从果实硬度、颜色、营养物质等方面出发，对其保鲜能力进行综合评测。

本研究对探索一种天然、环保的保鲜方法来延长鲜切梨的保鲜时间具有重要意义，还能为可食性复合涂膜在鲜切水果保鲜方面的应用提供理论依据，进而以此来替代传统的保鲜膜，减少塑料污染。

二、实验材料

1. 实验材料：雪花梨、黄土坎鸭梨和红肖梨。
2. 实验仪器：电子天平、电泳仪、高速离心机、恒温培养箱、金属浴、分光光度计、糖度计、硬度计、酸碱滴定管、量筒、滴管、烧杯。
3. 试剂：柠檬酸固体、魔芋粉固体、卡拉胶固体、75%乙醇、蒸馏水、NaOH。

三、研究过程

（一）准备工作

1. 可食性复合涂膜制备

4g/L柠檬酸溶液配制：取4g柠檬酸固体溶于1L水中，搅拌至固体溶解，密封备用。

魔芋粉复合涂膜制备：取2g魔芋葡甘聚糖溶于200ml水，80℃水浴溶解，加入250g的柠檬酸溶液，搅拌均匀，加水定容至1L。

卡拉胶复合涂膜制备：取2g卡拉胶，并将其溶于200ml水，65℃水浴溶解，加入250g的柠檬酸溶液，搅拌均匀，加水定容至1L。

2.梨预处理

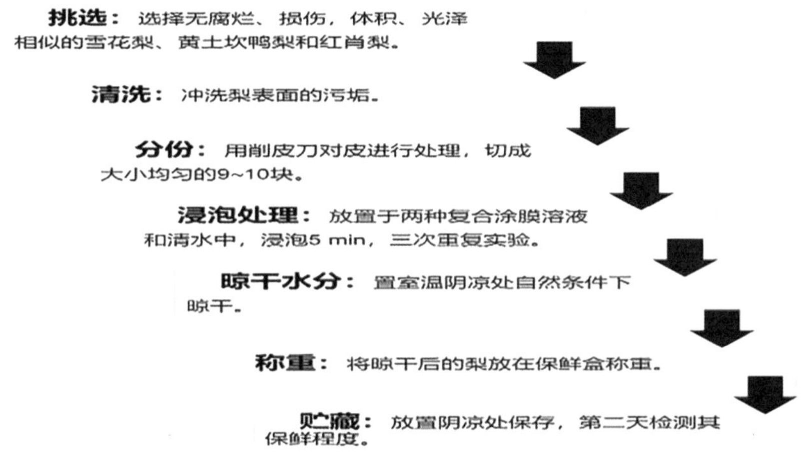

挑选：选择无腐烂、损伤、体积、光泽相似的雪花梨、黄土坎鸭梨和红肖梨。

清洗：冲洗梨表面的污垢。

分份：用削皮刀对皮进行处理，切成大小均匀的9~10块。

浸泡处理：放置于两种复合涂膜溶液和清水中，浸泡5 min，三次重复实验。

晾干水分：置室温阴凉处自然条件下晾干。

称重：将晾干后的梨放在保鲜盒称重。

贮藏：放置阴凉处保存，第二天检测其保鲜程度。

图4-8-1：梨的预处理步骤

（二）保鲜后生理指标测定

1.失重率

失重率=（处理时的果重-贮藏后的果重）/处理时的果重×100%

2.感官评定

对不同处理的梨进行感官评定打分，对其色泽和口味进行评级。

3.硬度测定

采用GY-1型水果硬度计测定。测量前使指针与表盘的第一条刻度线对齐。使之垂直于被测水果表面，压头均匀压入水果内，记录此时水果硬度。

4.褐变度测定

褐变度的测定采用消光值法：将梨榨汁后稀释，用离心机在10000r/min离心4 min，在波长410 nm处测定上清液的吸光值。

5.糖度测定

将梨的食用部分切碎、混合、榨汁、离心取其上清液，用糖度仪测定含糖量。

6.可滴定酸含量测定

0.1mol/L NaOH溶液配置：称取4g NaOH，溶于200ml蒸馏水中，搅拌至NaOH完全溶解，定容至1 L，倒转180°混匀。

滴定：取5g梨汁，加水定容至50ml，摇匀，转移至100ml锥形瓶内，滴加滴酚酞试剂，摇匀，用0.1mol/L NaOH溶液滴定。（当溶液由无色变为红色，且在半分钟内不褪色即为滴定终点。）

四、结果与分析

（一）可食性复合涂膜对鲜切梨的失重率影响

水果采摘后水分蒸发，会导致水果失重，降低果肉的饱满度、营养物质含量，丧失商品价值。

从表4-8-1~表4-8-3中数据可以看出，清水组的失重率高于魔芋粉和卡拉胶处理组，表明魔芋粉和卡拉胶对鲜切梨的水分保持有一定效果。从图4-8-2结果分析，卡拉胶对雪花梨、黄土坎鸭梨的保鲜效果较好，红肖梨清水保鲜效果反而更好。

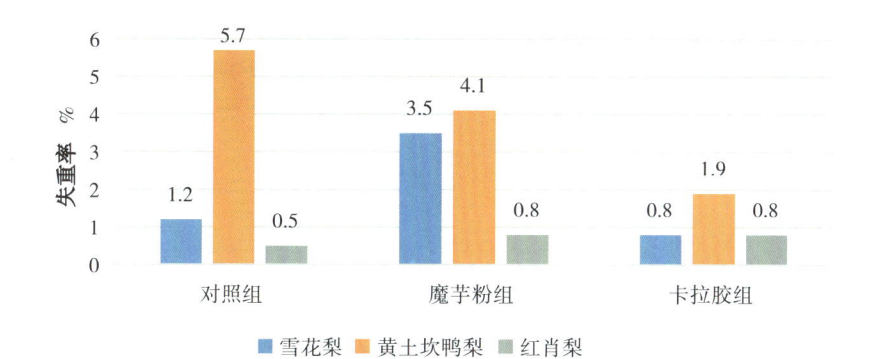

图4-8-2：可食性复合涂膜对鲜切梨的失重率影响

表4-8-1：可食性复合涂膜对鲜切雪花梨的失重率影响

测量指标	清水对照组	魔芋粉组	卡拉胶组
处理前重量（g）	258.7	281.1	158.6
处理后重量（g）	255.6	271.3	157.4
重量差（g）	3.1	9.8	1.2
失重率（%）	1.2	3.5	0.8

表4-8-2：可食性复合涂膜对鲜切黄土坎鸭梨的失重率影响

测量指标	清水对照组	魔芋粉组	卡拉胶组
处理前重量（g）	272.3	241.3	275.3
处理后重量（g）	256.8	231.5	270.2
重量差（g）	15.5	9.8	5.1
失重率（%）	5.7	4.1	1.9

表4-8-3：可食性复合涂膜对鲜切红肖梨的失重率影响

测量指标	清水对照组	魔芋粉组	卡拉胶组
处理前重量（g）	274.5	158.6	112.5
处理后重量（g）	273.2	157.4	111.6
重量差（g）	1.3	1.2	0.9
失重率（%）	0.5	0.8	0.8

（二）可食性复合涂膜对鲜切梨的感官评定影响

从表4-8-4、表4-8-5、表4-8-6可知，鲜切梨的品质会随着时间延长而不断降低，经可食性复合涂膜处理的3种梨都能延缓品质下降。从图4-8-1可以看出魔芋粉可食性复合涂膜处理的红肖梨在经过1天的氧化后，获得最高的感官评定分，证明红肖梨更适合作为鲜切水果推向市场，获得较高评价。

表4-8-4：雪花梨保鲜后感官评定

组别	色泽得分（35分）	口感得分（35分）	口味得分（30分）	总得分（100分）
对照组	10分	20分	22分	52分
魔芋粉组	15分	25分	23分	63分
卡拉胶组	20分	27分	28分	75分

表4-8-5：黄土坎鸭梨保鲜后感官评定

组别	色泽得分（35分）	口感得分（35分）	口味得分（30分）	总得分（100分）
对照组	5分	20分	8分	33分
魔芋粉组	10分	15分	16分	41分
卡拉胶组	15分	11分	12分	38分

表4-8-6：红肖梨保鲜后感官评定

组别	色泽得分（35分）	口感得分（35分）	风味得分（30分）	总得分（100分）
对照组	18分	20分	21分	59分
魔芋粉组	25分	28分	28分	81分
卡拉胶组	30分	23分	15分	68分

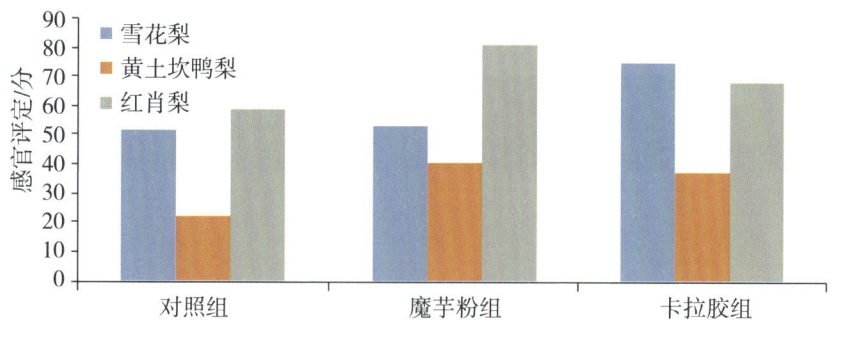

图4-8-3：可食性复合涂膜对3种鲜切梨的感官评定结果

（三）可食性复合涂膜对鲜切梨的硬度影响

由表4-8-7、表4-8-8、表4-8-9可知，随着贮藏时间的增加，果实硬度降低，清水组硬度变化幅度最大，降低最快，涂膜处理组的硬度高于清水组。数据表明可食性复合涂膜在鲜切梨表面形成紧密的膜，使鲜切梨质地紧实，水分不易流失，减慢了鲜切梨硬度下降的速度。图4-8-4可看出两种可食性复合涂膜对鲜切梨的硬度影响区别不大，都能有效抑制鲜切梨的软化，保持鲜切梨的硬度。

表4-8-7：鲜切雪花梨保鲜后硬度记录与处理表

组别	果实硬度P（105Pa）			
	第1次	第2次	第3次	平均值
对照组	10.0	10.9	9.1	10.0
魔芋粉组	10.5	9.5	8.7	9.2
卡拉胶组	9.0	8.0	8.7	8.5

表4-8-8：鲜切黄土坎鸭梨保鲜后硬度记录与处理表

组别	果实硬度P（105Pa）			
	第1次	第2次	第3次	平均值
对照组	9.4	9.5	6.4	8.4
魔芋粉组	8.5	8.2	8.9	8.5
卡拉胶组	8.7	8.7	8.2	8.5

表4-8-9：鲜切红肖梨保鲜后硬度记录与处理表

组别	果实硬度P（105Pa）			
	第1次	第2次	第3次	平均值
对照组	9.3	9.4	6.2	8.3
魔芋粉组	8.3	8.1	8.8	8.4
卡拉胶组	8.3	8.7	8.2	8.4

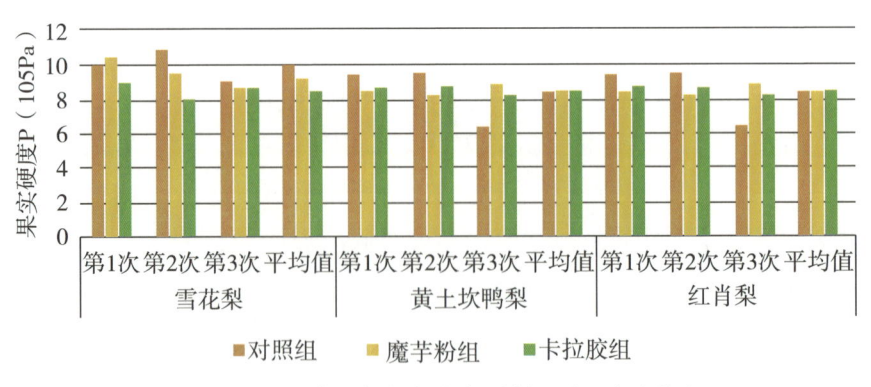

图4-8-4：可食性复合涂膜对3种鲜切梨硬度的影响

（四）可食性复合涂膜对鲜切梨褐变程度的影响

鲜切梨在贮藏初期呈亮白色，当贮藏1天之后，清水组比2种可食性复合涂膜组褐变程度更明显，已变为暗黄色。从表4-8-10中数据可得魔芋粉组褐变度低于卡拉胶组，说明魔芋粉可食性复合涂膜更能有效抑制鲜切雪花梨贮藏期间的褐变。

表4-8-10：雪花梨褐变度记录表

测量指标	对照组	魔芋粉组	卡拉胶组
吸光度A	0.925	0.220	0.889
褐变度10*A	9.250	2.200	8.890

（五）可食性复合涂膜对鲜切梨糖度值的影响

实验中雪花梨和红肖梨含糖量均有所下降，见表4-8-11、表4-8-12，对照组含糖量明显低于涂膜处理组，表明可食性复合涂膜处理可以减缓梨糖度下降。由图4-8-5可知卡拉胶多糖涂膜的保糖效果最好。

表4-8-11：雪花梨糖度值记录和处理表

组别	糖度值			
	第1次	第2次	第3次	平均值
对照组	10.06%	10.75%	10.85%	10.55%
魔芋粉组	10.25%	11.23%	10.53%	10.67%
卡拉胶组	11.73%	11.23%	10.88%	11.275%

表4-8-12：黄土坎鸭梨糖度值记录和处理表

组别	糖度值			
	第1次	第2次	第3次	平均值
对照组	6.50%	6.20%	7.30%	6.67%
魔芋粉组	9.40%	8.50%	9.70%	9.20%
卡拉胶组	9.50%	8.60%	9.70%	9.27%

表4-8-13：红肖梨糖度值记录和处理表

测量指标 组别	糖度值			
	第1次	第2次	第3次	平均值
对照组	8.60%	8.30%	8.50%	8.40%
魔芋粉组	8.70%	8.60%	8.40%	8.80%
卡拉胶组	9.00%	8.80%	9.30%	9.20%

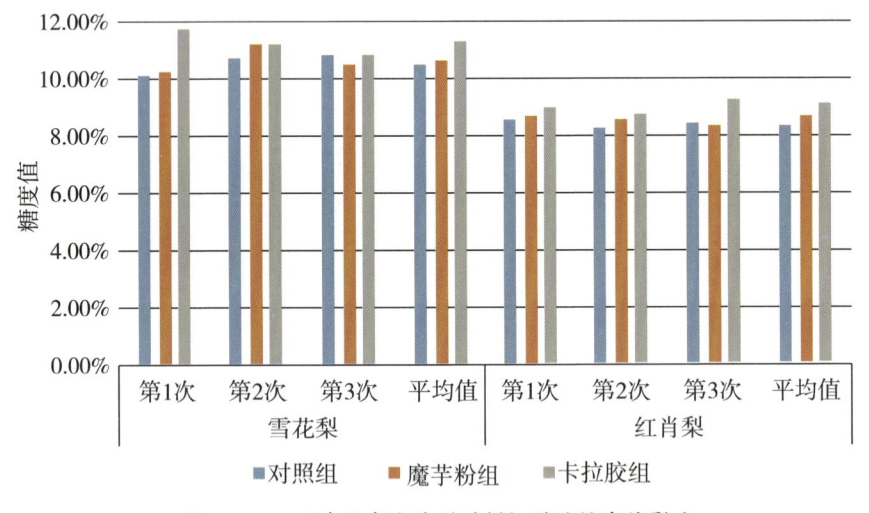

图4-8-5：可食性复合涂膜对鲜切梨的糖度值影响

（六）可食性复合涂膜对鲜切梨的可滴定酸含量影响

失水率增加，会使可滴定酸的百分含量增加，可滴定酸与糖一样，是影响水果口味品质的重要因素。由表4-8-14和表4-8-15可知，黄土坎鸭梨和红肖梨均表现为魔芋粉组平均消耗NaOH溶液量低于对照组，总酸量低于对照组；卡拉胶组消耗NaOH溶液量高于对照组，总酸量高于对照组。结果表明：魔芋粉可食性复合涂膜降低了鲜切梨的可滴定酸，其保鲜效果更好。

表4-8-14：黄土坎鸭梨可滴定酸含量测试表

组别	糖度值				总酸量（%）
	第1次	第2次	第3次	平均值	=（0.1×V×0.067）/5×100%
对照组	7.8	7.4	8.2	7.8	1.0452
魔芋粉组	6.5	7.0	6.6	6.7	0.8978
卡拉胶组	9.7	9.9	11.9	10.5	1.407

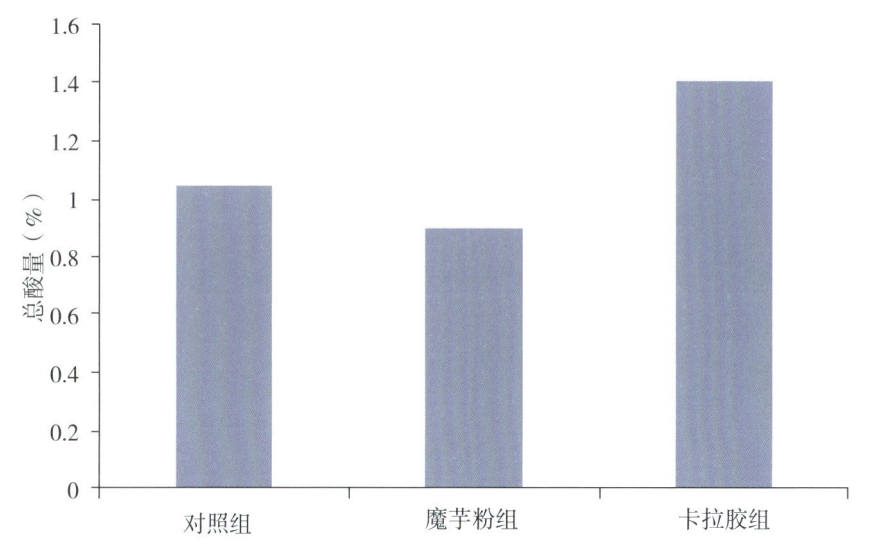

图4-8-6：可食性复合涂膜对鲜切黄土坎鸭梨的可滴定酸含量影响

表4-8-15：红肖梨可滴定酸含量测试表

组别	糖度值				总酸量（%）
	第1次	第2次	第3次	平均值	=（0.1×V×0.067）/5×100%
对照组	9.3	11.0	10.4	10.2	1.02
魔芋粉组	7.5	4.9	10.1	7.5	0.75
卡拉胶组	11.2	8.5	11.2	10.3	1.03

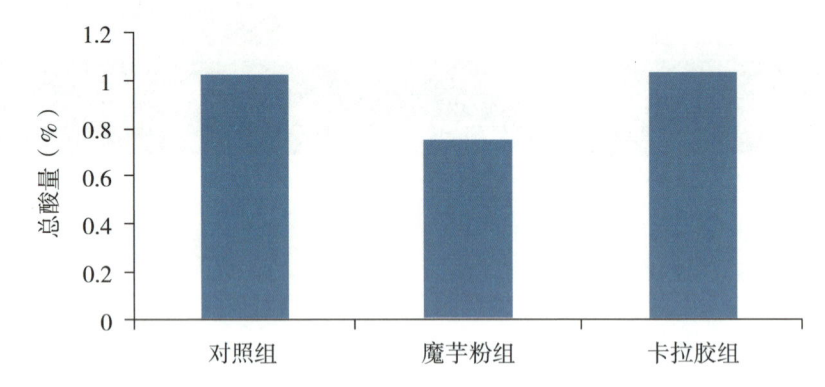

图4-8-7：可食性复合涂膜对红肖梨的可滴定酸含量影响

表4-8-16：雪花梨可滴定酸含量测试表

测量指标 组别	糖度值				总酸量（%） =（0.1×V×0.067）/5×100%
	第1次	第2次	第3次	平均值	
对照组	9.4	11.1	11.7	10.7	1.4
魔芋粉组	6.1	8.0	6.4	6.8	0.9
卡拉胶组	5.2	5.2	5.8	5.4	0.7

五、结论

结果发现，涂膜处理在水分保持上有一定的效果，不同可食性涂膜对不同品种的梨作用效果不同。经过1天氧化后3种鲜切梨的感官评定中红肖梨获得更高的感官评定分，证明红肖梨更适合作为鲜切水果推向市场。在硬度检测中，2种可食性复合涂膜都能有效抑制鲜切梨的软化，保持鲜切梨的硬度，但作用区别不大。魔芋粉可食性复合涂膜对鲜切雪花梨贮藏期间的褐变影响更大。卡拉胶多糖涂膜的保糖效果最好，而魔芋粉可食性复合涂膜处理后的鲜切梨总酸量最低。

另外，这2种可食性复合涂膜对鲜切梨的贮藏保鲜方法不仅简单有效，而且费用低廉，具有一定的推广利用价值。

在关于鲜切水果的文献中，鲜有梨的研究，但梨本身含有丰富的维生素，且具有降火清心、润肺生津、化痰止咳等功效，尤其在秋冬季节梨更适合人们食用，本课题选用梨为研究对象。部分文献表明魔芋粉和卡拉胶有保鲜效果，但缺少关于卡拉胶和魔芋粉对梨的保鲜效果的研究。卡拉胶具有强的形成凝胶和高黏度特性，稳定性非常好，安全无毒，已被联合国粮农组织和世界卫生组织所认可。相较传统的保鲜膜优势明显，可以起到一定的替代作用，提高保鲜效果的同时减少环境污染，为生态环境可持续发展贡献力量。

本试验选用密云当地特色的黄土坎鸭梨和大城子红肖梨，黄土坎鸭梨被誉为"梨中之王"，果肉饱满，石细胞少，口感细腻；红肖梨皮薄脆甜，被誉为"京北名果"，两种梨营养价值和评价较高，但对其保鲜研究缺少，可食用涂膜的研究可以为推广密云水果提供新的保鲜方法。

参考文献

［1］李作美，张飞跃，汪春涵，吴珊珊.茶多酚复合可食性涂膜在香梨保鲜中的应用［J］.食品工业科技，2020，41（18）：287—293.

［2］韦巧艳，成清岚，陈碧，张鹏，覃逸明.魔芋葡甘露聚糖/纳米ZnO复合涂膜对香蕉常温保鲜效果的影响［J］.包装工程，2020，41（05）：49—55.

土壤微塑料的提取以及对有机染料的吸附研究

周嫣然、李依晨、郭思凝　北京市第三十五中学
辅导教师：杜春燕

一、引言

　　微塑料这一概念由2004年发表在科学杂志上的一篇文章（*Lost at Sea：Where Is All the Plastic*？）首次提出。微塑料由于在海洋环境中的广泛存在以及对生物产生的各种确定的以及不确定的危害，得到了各界的广泛关注。

　　近年来，随着塑料垃圾的增多，土壤中的微塑料逐渐走进人们的视界，这种易进入生物体内富集、粒径小于5mm的塑料类污染物对环境造成的危害不可忽视。游荡的微塑料很容易被浮游动物等"食物链低端生物"吃掉，导致动物生病甚至死亡；在富集的作用下，大量微塑料会累积在人类体内，对人体造成难以预计的危害。

微塑料的危害会随着遇到有机污染物而加剧。自然环境中已经存在大量的多氯联苯、双酚A等持久性、疏水性有机污染物，而微塑料体积小，具有更高的比表面积，从而具备极强的吸附污染物的能力。一旦微塑料和这些污染物相遇，正好聚集形成一个有机污染球体。微塑料相当于成为污染物的坐骑，二者可以在环境中到处游荡。

基于上述资料，本课题组通过文献查阅，准备探究微塑料的分离条件以及微塑料是否可以用于吸附有机染料污染物。首先利用筛分法和密度分离法从土壤中提取微塑料筛选，随后开展吸附实验，利用分光光度计测试亚甲基蓝溶液被微塑料吸附前后的吸光度变化，测算各种类、各尺寸微塑料的吸附效率并从环保角度考虑回收利用微塑料。

二、实验部分

（一）仪器与药品

1.仪器

孔径5mm土壤筛、孔径3mm土壤筛、孔径1mm土壤筛、放大镜、玻璃烧杯、量筒、胶头滴管、紫外可见分光光度计、比色皿、离心管。

2.耗材及药品

亚甲基蓝、油、PVC、PS、PED、PP、荷塘泥、沙土、壤土、氯化钠。

（二）实验方法

1.筛分法

使用筛网、放大镜和镊子等工具尝试对含塑料片的荷塘泥、含塑料片的壤土、含塑料片的沙土进行微塑料分离，并按照粒径大小（<1mm、

1~3mm、3~5mm、5mm）进行分类，装入塑封袋中，将筛分的结果记录在表格中。

（1）塑料片筛分

分别取出三袋含塑料片的土壤（荷塘泥、壤土、沙土），使用孔径最小的1mm筛网将土壤与塑料杂质分离开来，并将分离后得到的塑料杂质统一转移到培养皿（9cm）中，利用镊子、放大镜等工具将塑料片挑离出来；注意在筛网底部垫一层A4纸或者其他容器用来收集筛分出的土壤和杂质。

（2）微塑料分类（按粒径）

利用1mm筛网、3mm筛网、5mm筛网将收集到的塑料片筛分为不同的粒径范围，收集在自封袋内，贴标签保存备用。具体步骤如下：

a.从下到上按照A4纸、1mm筛网、3mm筛网、5mm筛网的顺序摆放；

b.将步骤（1）得到的塑料片依次过5mm、3mm、1mm筛网，得到粒径大小为<1mm、1~3mm、3~5mm、>5mm的塑料片，并将不同粒径范围的微塑料分装到不同的自封袋中，洗净晾干，贴标签保存备用。

2.密度分离法

（1）微塑料制备

a.观察不同材质微塑料：取出PVC、PET、PS、PP四种材质的塑料碎片，不同类型的塑料碎片颜色和质感不一，主要通过颜色检测和辨认塑料材质；

b.微塑料筛分：利用1mm、3mm、5mm的网筛将四种类型的塑料片筛分为粒径<1mm、1~3mm、3~5mm、>5mm的塑料片，并按照塑料类型和粒径范围，装入自封袋中，贴标签进行标记。

（2）土样筛分

取土样100g，用1mm网筛，筛除落叶石块等杂物，用电子天平称取3份土样各10g，置于一次性塑料杯中备用，并将3个塑料杯，分别编号为1、2、3号；

（3）土壤污染标准品制备

a.加入微塑料片：选取相同粒径（1~3mm、3~5mm均可）的PVC、PET、PS、PP材质的微塑料片各10片，加入1号塑料杯中，2号和3号塑料杯中分别加入相同数量的4种微塑料片；

b.覆土：将微塑料片与土壤混合均匀，再向3个塑料杯中各加入5g过筛土，将裸露在表面的微塑料片覆盖住，最后分别加入10ml清水，静置一段时间（1~7天）备用。

（4）饱和氯化钠溶液制备

称取72g氯化钠固体，置入烧杯（250ml）中，加入200ml清水，搅拌至固体全部溶解（大约需要5~10min，如果室温低于20℃，氯化钠不能完全溶解，可能会有部分结晶）。

（5）微塑料分离提取

a.加入浮选溶液：向不同编号的一次性塑料杯中依次加入不同类型的浮选溶液。

实验组1：10g土壤+40个塑料片+5g土壤放入100ml清水+5ml油中；

实验组2：10g土壤+40个塑料片+5g土壤放入100ml饱和氯化钠溶液+5ml油中；

实验组3：10g土壤+40个塑料片+5g土壤放入100ml饱和氯化钠溶液中。

b.搅拌静置：用搅拌棒对3个塑料杯充分搅拌约1min，使得土壤与微塑料完全分散，无成团块体（含油溶液搅拌要使得塑料与油充分接触），静置沉降10~15min至土壤与溶液分层明显。

c.收集滤液中的微塑料：取出3只新塑料杯，将上清液过滤，滤液过滤到新塑料杯中，然后得到滤液中的微塑料片；接着将土壤与上清液接触的中间层——可以流动的土壤悬浮液，倒入装有两层滤纸的培养皿中，借助镊子、滴管等工具，将位于土壤悬浮液中的微塑料分离出来，挑出置于培养皿中。

d.分类计数：将浮选得到的微塑料数目按照塑料材质类型记录在表中。

3.吸附实验

（1）亚甲基蓝溶液配制

10mg/L亚甲基蓝溶液配制：用胶头滴管吸取10ml亚甲基蓝母液（0.1g/L），置于烧杯（250ml）内，加入90ml清水，搅拌均匀，静置待用。

（2）吸附实验

a.编号：将离心管编号为0、1、2、3号，用量筒依次量取8ml亚甲基蓝（10mg/L）溶液加入4个（0~3号）离心管中；

b.加样：0号管不加任何微塑料，作为对照组；1号管中加入<1mm的微塑料2g；2号管中加入1~3mm的微塑料2g；3号管中加入3~5mm的微塑料2g，密封静置；

c.观察记录：一段时间（约10min）后，观察亚甲基蓝溶液的颜色变化，以及溶液中微塑料的颜色变化，记录在表格中。

三、结果与分析

（一）筛分法分离微塑料

为了更好地筛分不同规格、不同种类的微塑料，我们使用3种不同孔径（1mm、3mm、5mm）的筛网对3种不同的泥土（沙土、荷塘泥和壤土）进行筛分。

（二）土壤类型和浮选溶液的种类对微塑料回收率的影响

为了了解不同土壤类型中回收微塑料的难易程度，我们设计了利用密度分离法进行微塑料的浮选的实验。土壤类型选择了3种，分别是沙土、荷塘泥和壤土。不同密度的浮选液选取了3种，分别是清水-油、氯化钠溶液、氯化钠-油溶液。具体浮选结果如表4-9-1~表4-9-3所示。

1.沙土中微塑料的浮选

由表4-9-1可以看出，沙土中微塑料的提取结果差异较大，总的来说，PP的提取相对容易，最高效率可达到100%，而PET在3种浮选液中的提取率都很低。推测是由于各种塑料的薄厚和软硬程度不一样所致，PP相对硬度大，易于浮选。

表4-9-1：不同浮选液对沙土中1~3mm微塑料的回收率

微塑料类型	回收率/%		
	清水-油	氯化钠-油	氯化钠
PVC	40%	60%	50%
PET	0	10%	15%
PP	100%	100%	100%
PS	60%	95%	90%
平均	50%	68.75%	67.5%

2.荷塘泥中微塑料的浮选

从表4-9-2可以看出，当土壤类型改为荷塘泥时，浮选效率有所改变，PP微塑料的提取率依然最高，不同密度的浮选液均能将PP全部浮选。但PET塑料的差异较大，清水-油混合液能够将PET提取到70%，而氯化钠溶液则只能提取出5%的PET塑料。

表4-9-2：不同浮选液对荷塘泥中1～3mm微塑料的回收率

微塑料类型	回收率/%		
	清水–油	氯化钠–油	氯化钠
PVC	40%	10%	40%
PET	70%	15%	5%
PP	100%	100%	100%
PS	20%	80%	80%
平均	57.5%	53.75%	56.25%

3.壤土中微塑料的浮选

从表4-9-3可以看出，当土壤类型变为壤土时，回收效率的规律依然相似，PET的平均浮选效率仍是最低的，而3种浮选液对PP和PS的浮选效率均在80%以上。

表4-9-3：不同浮选液对壤土中1～3mm微塑料的回收率

微塑料类型	回收率/%		
	清水–油	氯化钠–油	氯化钠
PVC	50%	30%	10%
PET	15%	75%	0
PP	95%	100%	95%
PS	80%	100%	100%
平均	53.75%	60%	51.25%

分析原因，根据资料查阅可知，PP塑料的密度最小，约为0.9g/cm^3，而PET和PVC塑料的密度则都在1.3g/cm^{3}以上；在3种浮选溶液中，氯化钠溶液的密度最大为1.12g/cm^3，清水和油的密度都更小，因此，可以推测，PET和PVC提取率相对低的原因是密度太大，容易沉在浮选溶液的下层。

总的来说，利用清水–油浮选液对混杂在其他类型土壤中的微塑料进行密度分离法提取，具有平均57%的回收率，有效率高的优点。通过对两种提取微塑料方法耗时的比较，可以比较出筛分法与浮选法的优缺点。筛分法与密度分离法的具体优缺点如表4-9-4所示。

表4-9-4：根据实验结果总结的两种微塑料提取方法的优缺点

微塑料提取类型	优点	缺点
筛分法	经费低	耗时长，花费精力大
浮选法	耗时短，且无须后续再对挑选出的微塑料额外使用镊子与放大镜进行筛选。	所需经费相对筛分法略高

（三）微塑料对有机染料的吸附实验结果

为了了解不同塑料类型及其颗粒大小对吸附染料的影响，我们选取了从土壤中提取出来的PVC与PP塑料每1克为一个实验组进行吸附亚甲基蓝的实验，除了图片记录，还对吸附后的亚甲基蓝溶液的吸光度进行了测试，根据朗伯比尔定律，吸光度与物质浓度成正比，因此亚甲基蓝溶液的吸光强度的下降说明其浓度降低，所得实验结果如图4-9-1、图4-9-2和表4-9-5、表4-9-6、表4-9-7所示。

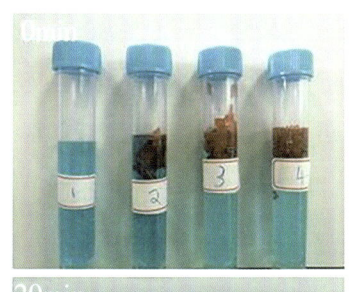

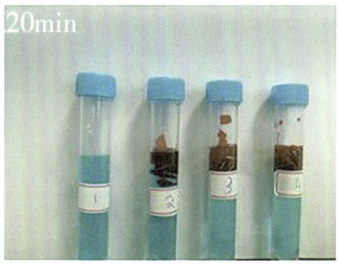

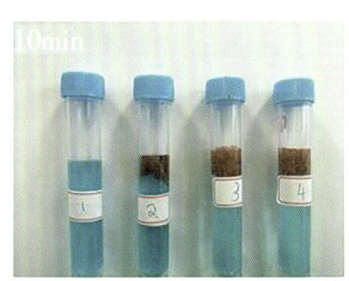

图4-9-1：不同吸附时间的PP塑料吸附亚甲基蓝实验

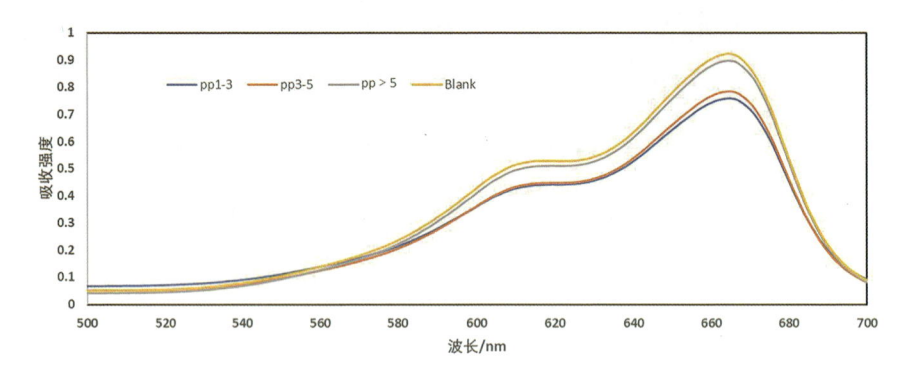

图4-9-2：不同粒径的PP塑料吸附后的亚甲基蓝溶液的吸收光谱

表4-9-5：不同粒径的PP塑料对亚甲基蓝的吸附效率

PP	0	1	2	3
粒径	无	1~3mm	3~5mm	>5mm
吸光度	0.9229	0.7587	0.7818	0.8977
吸附效率	0	17.8%	15.3%	2.7%

从表4-9-5和图4-9-1、图4-9-2可以看出，第一组实验采用PP材料，1~3mm粒径的微塑料对于亚甲基蓝溶液的吸附性较强，吸光度为0.7587，吸附效率为17.8%，相较于其他粒径微塑料的吸附效率偏高。3~5mm及>5mm粒径的微塑料吸光度均稳定上升，故得出吸附效率随粒径的增大而减小的结论，二者的吸附效率分别为15.3%及2.7%。因此，在第一组的PP种类微塑料中，1~3mm的微塑料是最适合用于吸附亚甲基蓝溶液的材料，猜测低于1mm的微塑料将会由于表面积的增大可以更好地对亚甲基蓝及其他有色染料进行吸附。

PVC硬塑料吸附实验结果如图4-9-3、图4-9-4和表4-9-6、表4-9-7所示。通过种类为PVC的微塑料对亚甲基蓝溶液进行吸附所得到的实验结果可知，硬塑料中1~3mm粒径的微塑料吸附效率达到10.6%，高于其他粒径的PVC对亚甲基蓝溶液的吸附效率。而与之相反的是在软塑料中，撕成软条状的PVC吸附效率达到了66.8%，对亚甲基蓝的吸附产生了肉眼可见的显著效果，可观测到溶液颜色由深蓝色变为浅蓝色。

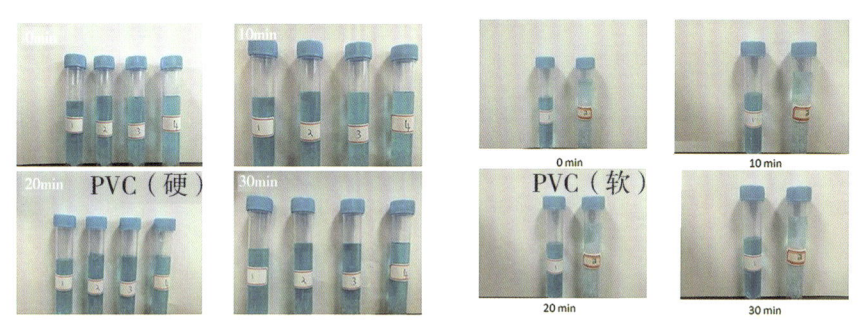

图4-9-3：PVC软、硬两种塑料吸附亚甲基蓝随时间变化

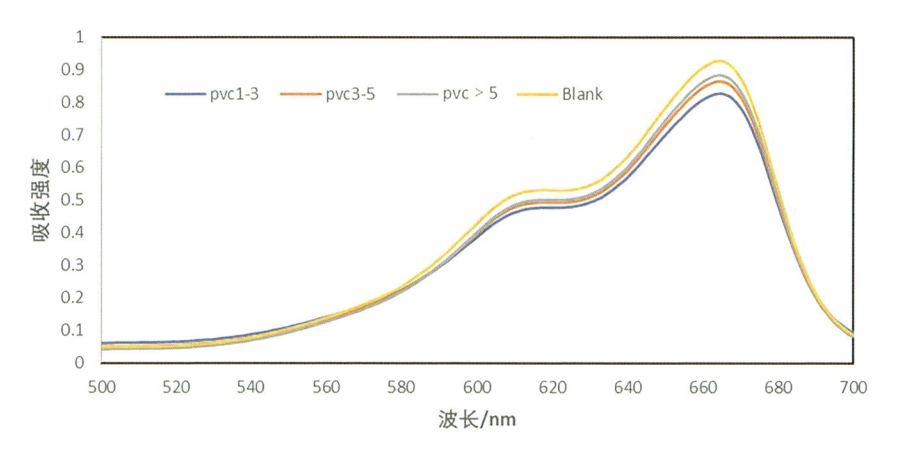

图4-9-4.1：不同直径的PVC

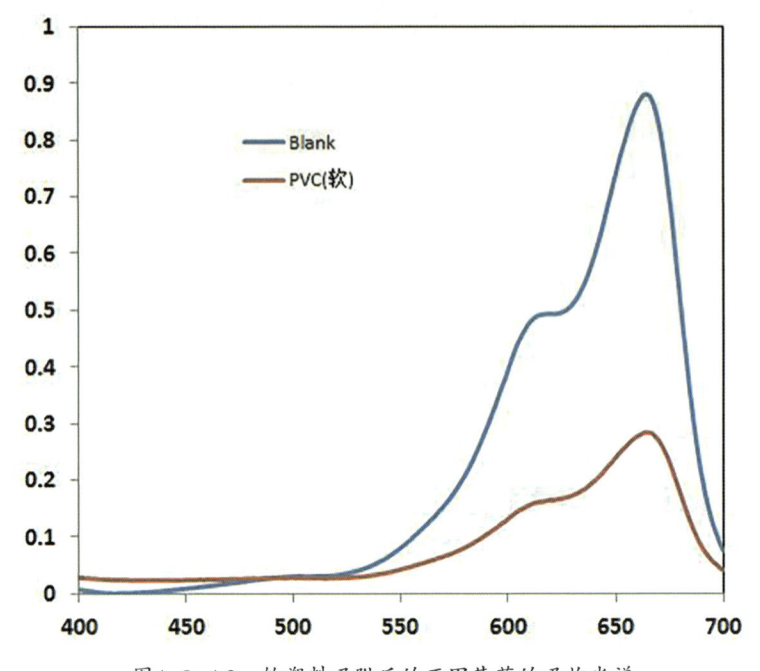

图4-9-4.2：软塑料吸附后的亚甲基蓝的吸收光谱

表4-9-6：不同粒径的PVC硬塑料对亚甲基蓝的吸附效率

PVC/硬	0	1	2	3
粒径	0	1~3mm	3~5mm	≥5mm
吸光度	0.9276	0.8295	0.8658	0.8837
吸附效率	0	10.6%	6.7%	4.7%

表4-9-7：不同粒径的PVC软塑料对亚甲基蓝的吸附效率

PVC/软	0	1
粒径	0	软条
吸光度	0.8801	0.2837
吸附效率	0	66.8%

四、结论与建议

本课题通过文献查询，了解微塑料性质，并根据性质制定合适的办法从土壤中提取微塑料，并探究了其对有色染料亚甲基蓝溶液的吸附性，得出实验结论如下：

1.通过筛网对土壤进行物理过滤可以在低成本高效率的情况下提取出粒径＞1mm的微塑料。

2.利用清水-油浮选液对混杂在其他类型土壤中的微塑料进行密度分离法提取，具有57%的回收率，有效率高的优点。

3.粒径越小的微塑料对于有色染料亚甲基蓝溶液的吸附效率越高，吸附效率随粒径的增大而减小。

4.PVC软塑料对亚甲基蓝的吸附效率最高，可达66.8%；材料软硬程度对吸附效率有显著影响。

5.在未来的实验中，我们将在本实验的成果下继续对微塑料进行探究，计划选择用微塑料对更多种类的有色染料进行吸附，增加微塑料样品的个数保障实验精确性，并通过微塑料的吸附性拓展对混杂污渍衣物的清洗功能，更好地回收并利用微塑料。

五、参考文献

［1］ Thompson, Richard C , Olsen, et al. Lost at Sea： Where Is All the Plastic?［J］. Science, 2004.

［2］郝爱红，赵保卫，张建.土壤样品中微塑料的分析方法研究进展［J］.化学通报，2021，84（06）：535—542.

［3］周薇.微塑料对农田土壤有机碳矿化的影响［D］.咸阳：西北农林科技大学，2021.

［4］林陆健，汤帅，王学松，冯安芯，韩照祥，孙璇，赵雨.聚乙烯微塑料对水溶液中孔雀石绿的吸附机理［J］.环境化学，2020，39（09）：2559—2566.

［5］熊飞，黄庆辰，何玉虹，汤铭杰，孙蓉丽.微塑料污染现状及其毒性效应和机制研究进展［J/OL］.生态毒理学报：1—13［2021-10-26］.http://kns.cnki.net/kcms/detail/11.5470.X.20210928.0326.002.html.

［6］刘海朱，王隽媛，路思远，何春光.微塑料对有机污染物的吸附及微塑料——有机物复合污染的毒性研究进展［J］.环境生态学，2020，2（12）：89—94.

北京市二级重点保护植物假贝母在怀柔的分布及生境调查

高迎凯　北京市怀柔区第一中学

辅导教师：宋旭

一、调查背景、目的及意义

假贝母〔学名：*Bolbostemma paniculatum* (*Maxim.*) *Franquet*〕，别名土贝母、草贝母、地苦胆等，属于葫芦科假贝母属多年生攀缘状草本植物。雌雄异株，鳞茎药用。假贝母分布于中国河北、山东、河南、山西、陕西、甘肃、四川东部和南部、湖南西北部。《北京植物志》记载，假贝母在北京市的房山区、门头沟区有分布。2008年3月公

图4-10-1：在峪口村拍摄的假贝母雌株

布的《北京市重点保护植物名录》中，假贝母被列为北京市二级重点保护植物。在北京市重点保护植物分布统计中，假贝母分布在房山区和门头沟区，怀柔区无假贝母自然分布。而我们掌握的情况是：怀柔山区有假贝母野生种群。在2021年11月至2022年11月的一年里，我们通过采访和实地考察，在怀柔区桥梓镇峪口村、桥梓镇峪沟村、桥梓镇一渡河村和九渡河镇东口楼村找到了假贝母分布点。我们对假贝母分布区原生境特点、植物群落特征等进行了调查，为野生假贝母物种资源保护提供基础数据，为保护与开发假贝母自然资源提供参考依据。

二、调查范围和方法

（一）调查地概况

怀柔区地处北京市东北部，位于东经116°17′~116°53′，北纬40°41′~41°0.4′之间。全区总面积2122.8平方公里。怀柔境内多山，全域山区面积占总面积的89%。河泉众多，水源丰富，水质优良。全年日照时数在2748~2873小时之间。平均气温6~12℃，无霜期150~200天，年降水量470~850毫米。冬季受西伯利亚冷空气操纵，盛行西北风，冰冷干燥；夏季受海洋性气团阻碍，多偏南风，温暖潮湿。四季分明，雨热同期。怀柔区土壤质地，平原区为轻壤和沙壤质，山区多为壤质和沙壤质。土壤pH值在5.9~8之间。

（二）调查范围

调查范围在怀柔区域内，重点在怀九河沿线、怀沙河沿线山区及怀柔城区周边浅山区。调查内容主要是假贝母野生种群分布点及其原生境特点。

（三）调查方法

1.访谈法

通过采访怀柔区园林绿化局专业人员以及九渡河镇、桥梓镇、怀北镇等乡镇的部分知情村民，寻找假贝母分布的线索。

2.样线调查法

根据访谈获得的线索，前期我们先后到怀柔怀北镇的河防口、冷水峪、椴树岭村，渤海镇的北沟、苇店、天仙峪、马道峪村，桥梓镇峪沟、峪口、一渡河村，九渡河镇的四渡河、鹞子峪、二道关等地沿样线实地考察、寻找假贝母分布点。

3.样方调查法

在桥梓镇峪口村、桥梓镇一渡河村和九渡河镇东口楼村假贝母分布区设调查样点，考察假贝母原生地环境概况。划出 10 m × 10 m 的假贝母群落样方，利用GPS测定样地的经纬度和海拔；统计样方内假贝母数量、伴生植物种类、数量、盖度等。在样地用土壤采样器采集土壤样本，测定土层厚度等。

4.实验法

把采集的假贝母原生地土壤样本带回学校实验室，用土壤水分检测仪测定土样含水量，用酸碱度计测定土壤pH值。

三、调查结果

（一）怀柔假贝母资源现状

我们在桥梓镇峪沟村、峪口村、一渡河村和九渡河镇二道关东口楼村各找到一处假贝母分布点。4个分布点假贝母种群概况见表4-10-1。

表4-10-1：假贝母分布点及种群概况

分布点名称	峪沟	峪口	一渡河	东口楼
假贝母种群概况	见到2个散落在路边带成熟果实的雌株茎段	见到攀缘在灌木上带成熟果实的雌株12株	见到攀缘在灌木上带成熟果实的雌株3株	见到攀缘在灌木上带成熟果实的雌株1株

从表4-10-1可知，假贝母在怀柔有分布，分布特点是点状、零散分布，种群个体数量极少。在峪沟村样点，我们在分布区域仅见到假贝母的2段残体，之后多次在该地找寻但始终没能找到成活的植物体。峪口样点找到了已知的怀柔区假贝母分布点中最大的一个种群。由于该处灌木茂盛，在生长期无法观察和统计植物个体数量，表中数据是我们在枯叶期观察和统计到的。依据假贝母雌雄异株的特性以及植株分布零散的实际情况判断，这个种群中假贝母个体数应该大于12株。一渡河样点和东口楼样点我们也是在枯叶期做的统计，与上面所述原因相同，一渡河样点假贝母个体数量应多于3株，东口楼样点假贝母个体数量应多于1株。

（二）怀柔区假贝母群落原生境特征

1.峪口样点假贝母群落原生境特征

（1）样点自然地理概况

峪口村假贝母分布点的坐标是：北纬40°20′54″，东经116°30′24″。分布区为一条西北—东南走向、坡度约37°的沟谷。假贝母零散分布在临近沟口的干涸溪沟的沟底部。分布点海拔约为104米。

图4-10-2：2022年6月在峪口村做调查

（2）假贝母群落伴生植物

为了解假贝母生境特点，我们在假贝母分布点做10m×10m的假贝母群落样方，对样方内伴生植物种类进行了调查。峪口假贝母群落样方中有28种植物，分属16个科，28个属。其中蔷薇科3属3种，桑科、鼠李科、百合科、豆科、茜草科、毛茛科都为2属2种，马鞭草科、椴树科、大戟科、萝藦科、葡萄科、夹竹桃科、禾本科、菊科、苦木科、榆科、柏科都为1属1种。

（3）假贝母群落结构特点

峪口假贝母群落特征为：以荆条和孩儿拳头为优势种的灌丛，其中有少数乔木呈小乔木或灌木状零散分布在灌丛中。草本层植物种类少、盖度低。乔木层包括杏树、臭椿、小叶朴树、侧柏树、蒙桑、山桃、构树7种植物。每种植物的个体数量1或2株，生长呈小乔木或灌木状。最高的植物为小叶朴，高度大约为4米。其次为杏树、臭椿和侧柏，高度在3.5米左右。其余种类高度在1～2米。乔木层盖度约为20%。灌木层由荆条、孩儿拳头、河北木蓝、叶底珠、红花锦鸡儿、小叶鼠李、薄皮木、雀儿舌头、酸枣树等植物组成。灌木层的优势种为荆条，该种植物的盖度达到了整个群落样方盖度的35%左右。另一个优势种为孩儿拳头，该种盖度约为30%。灌木层的总盖度占到了整个植物群落盖度的85%左右。草本层植物主要有曲枝天门冬、北京隐子草、东亚唐松草、早春苔草、黄花蒿、野麦冬等，零散分布在乔木层下或灌木层植物空隙间或山道旁，总盖度为20%左右。草本层优势种为北京隐子草。在植物群落的草本层与灌木层之间，还有一些草质藤本植物如短尾铁线莲、茜草、白首乌，和木质藤本植物如葎叶蛇葡萄、杠柳等，攀附在小乔木或灌木上，这些藤本植物个体数量都不多，盖度占群落总盖度的5%左右。

2.一渡河样点假贝母群落原生境特征

（1）样点自然地理概况

一渡河村假贝母分布区位于该村北部名为小车炮沟的山沟里。分布点是一条西北—东南走向、坡度约20°的小山沟，当地人称为和尚坟。地理坐标为：北纬40°20′59″，东经116°29′38″，海拔150米。观察到的3株假贝母雌株中，有2棵生长在近沟口端的坝台上，另1棵生长在此位置南侧约3米距离的山坡灌丛中。

图4-10-3：2022年10月在一渡河做调查

（2）假贝母群落伴生植物

我们在假贝母群落分布点做10m×10m的假贝母群落样方，对样方内伴生植物种类进行了调查。一渡河假贝母群落样方中有33种植物，分属于17科30属。其中百合科4属4种，为种类最多的科。此外菊科3属3种，蔷薇科、鼠李科、毛茛科、禾本科、桔梗科都为2属2种，柿科1属2种，葡萄科、胡桃科、大戟科、椴树科、芸香科、马鞭草科、桑科、中国蕨科都为1属1种。

（3）假贝母群落结构特点

一渡河假贝母群落特征为：乔木层主要树种柿树和核桃都为人工栽培。柿树4株，树干直径16~25cm，树高度约为12米。核桃树3株，树干直径6cm，高度约10米。乔木层其他树种花椒、构树、黑枣、山桃为野生，高度3~4米，灌木状。乔木层盖度约为60%。灌木层以芫子梢、孩儿拳头、鼠李、荆条为优势种。灌木层中还散生着少数三裂绣线菊、叶底珠、酸枣等小灌木。灌木层的盖度约50%。草本层植物有16种，没有明显的优势种。个体数量较多的种有麦冬草、求米草、黄瓜菜等种类。草本层盖度约为30%。这个植物群落中藤本植物种类较少，仅短尾铁线莲和山葡萄两种。短尾铁线莲攀附荛子梢、鼠李等灌木生长，与假贝母生态位重叠，存在竞争关系。山葡萄仅1株，植物体长度不足2米。

3.东口楼样点假贝母群落原生境特征

（1）样点自然地理概况

东口楼村是九渡河镇二道关村下辖的一个自然村，位于怀柔城区西北28.5千米。该村林木绿化率95%，平均海拔324米。假贝母分布点位于该村村北一条南北走向的山沟里，村民称该处为干沟子沟口。分布点地理坐标为：北纬40°25′44″，东经116°20′52″，海拔276米。在该分布点我们观察到假贝母1株，生长在一条沿沟修建的水泥山路旁，另一侧是一个4米多高坡度约70°的小陡坡。坡顶是个板栗园，坡的斜面以及坡与水泥路之间的空地上生长有野生植物。

图4-10-4：2022年10月在东口楼村做调查

（2）假贝母群落伴生植物

我们在假贝母群落分布点做10m×10m的假贝母群落样方，对样方内伴生植物种类进行了调查。在样方内，我们发现了21种植物，分属14个科，19个属。其中菊科3属4种，为种类最多的科。此外，鼠李科2属3种，蔷薇科2属2种，胡桃科、夹竹桃科、椴树科、马鞭草科、禾本科、毛茛科、石竹科、茜草科、豆科、桔梗科、旋花科都为1属1种。

（3）假贝母群落结构特点

东口楼样点假贝母群落结构特点：该生境受人为干扰较为严重。样点位置一边是板栗园，一边是水泥路，因此对样方内植物群落中植物的丰富度产生了一定影响。乔木层中有核桃1株，为人工栽培植物，高度约7米，树径18.5cm，是样方中最高的植物。其余两种乔木山杏和山荆子都为小乔木，各5~6株，高度在5~6米。乔木层盖度约为30%。灌木层包括鼠李、孩儿拳头、荆条、小叶鼠李、酸枣等树种，没有明显的优势种。盖度约为60%。草本层植物有蒙蒿、狗尾草、腺梗豨莶、甘菊、黄花蒿、大叶铁线莲、黄瓜菜、石生蝇子草、茜草、多歧沙参、多花胡枝子、菟丝子等，个体数量较多的有大叶铁线莲和石生蝇子草，其余种个体数量都不多。草本层盖度约为30%。

4.假贝母原生境土壤指标

我们在假贝母分布点挖取样方内土壤，测量了土层厚度。在学校实验室测定了土壤样本的含水量和酸碱度。

表4-10-2：假贝母分布点原生境土壤指标

样点	土壤层厚度（cm）	土壤含水量（%）	土壤pH值
峪沟	12.0	12.61	7.7
一渡河	16.1	15.6	7.8
东口楼	11.4	2.4	7.7

从表4-10-2可知，三个样点土层厚度在11.4~16.1cm之间。《耕层与有效土层厚度分级参考表》中，土层厚度在15~30cm为Ⅳ级，小于15cm为Ⅴ级。以此为依据，峪沟样点和东口楼样点土壤指标为Ⅴ级，一渡河样点土壤指标为Ⅳ级。一渡河样点土层厚度指标高的原因是该处假贝母生长在

一个坝台上，易于土层堆积。

从表4-10-2可知，在采集的土壤样本中，峪沟样点土壤含水量12.61%，一渡河样点土壤含水量15.6%，这样的土壤适宜植物生长。东口楼样点土壤含水量2.4%，属于干土，不利于植物生长。

从表4-10-2还看出，峪沟样点和东口楼样点土壤的pH值都为7.7，一渡河样点pH值为7.8，都属于中性偏碱性土壤。

四、调查结论

第一，怀柔假贝母处于野生状态，零星分布于怀九河流域低海拔山区南北走向的沟谷沟口附近灌丛中。分布点少，仅发现4处。种群极小，在调查样方内个体数量最大的为12株（雌株），最小的甚至为1株（雌株），不能形成群落优势种。

第二，怀柔假贝母原生境的共同特点是南北走向的溪沟，水源条件好；无人为干扰的植物群落属于灌丛，群落中没有明显的高大乔木作为上层优势种类，即使有也是小乔木或灌木状，光照条件较好；土壤为沙壤质，中性，含水量适中。

第三，存在假贝母原生境受人为挤占、干扰和破坏的问题。在对3个假贝母分布点的调查中我们了解到，假贝母原生境为浅山区的沟谷、坡地，这些地方也是适宜板栗、核桃、柿树等经济树木的栽培地。因此，我们在一渡河样点和东口楼样点都看到村民为栽种经济树木而挤占、干扰、破坏假贝母生境空间的现象。峪沟样点人为干扰较少，所以该样点假贝母种群个体数量就要多一些。

五、讨论及建议

（一）研究分析怀柔假贝母分布点少、野生种群小的原因

假贝母是北京市重点保护植物，也是重要的中药材资源，虽然在怀柔区有野生种群分布，但分布点较少，野生种群也比较小。我们认为，有必要对怀柔假贝母原生种群分布规律以及造成怀柔假贝母分布点少、野生种群小的原因进行深入研究。这项研究对假贝母资源利用和保护有现实意义。

（二）关于假贝母原生境保护问题

我们认为有必要对已发现的假贝母种群采取保护措施，划定一个原生境保护区域，使得现有假贝母种群及其原生境不被破坏，保证假贝母不会在怀柔的土地上消失。

（三）关于构建迁地保护种群来促进野外种群及生境恢复的建议

我们建议有关部门加强假贝母种苗人工繁殖的实验研究工作，构建假贝母迁地保护种群，为假贝母就地保护提供依据，促进假贝母野生群落及生境恢复。